JN211035

ヴィトゲンシュタイン

世界が変わる言葉

APHORISMEN VON WITTGENSTEIN
FÜR DAS LEBEN

エッセンシャル版

ルートヴィヒ・ヴィトゲンシュタイン　白取 春彦 編訳

Discover
ディスカヴァー

はじめに――職業哲学を嫌った哲学者

ルートヴィヒ・ヴィトゲンシュタインは1889年4月にオーストリア・ハンガリー帝国の帝都ヴィーンに生まれた。父カールの八番目の子、五人の兄弟と三人の姉妹の末っ子だった。

このヴィトゲンシュタイン家は祖父の代から富裕であり、カールの代にはオーストリア鉄鋼財閥の雄となっていた。その社会的力、財閥の富は当時の王室、貴族階級をはるかにしのぐものであり、ドイツの巨大な重工業企業クルップ、アメリカの大鉄鋼企業カーネギーと肩を並べていたばかりか、この三者は互いに親しく行き来する間柄でもあった。

八人の子供たちは多くの使用人を抱える邸宅で育てられ、一般庶民との交流はまったくなかった。養育係や家庭教師たちがいたが、凡庸な彼らや母親からではなく、父カールや蔵書や物質的豊饒さや家を訪れる芸術家たちからの影響によって子供たちそれぞれの才能がつちかわれた。

邸宅に四台、あるいは七台のピアノがあったという環境にいた八人の子供たちはみな音楽的才能があり、その中でも四番目の兄パウルは戦争で右腕を失ったにもかかわらず、国際的に活躍するプロのピアニストとなった。ラヴェルの曲に『左手のためのコンチェルト』という作品があるが、これはパウルのためにつくられたものである。

みずからもヴァイオリンを弾く父カールが音楽家や前衛芸術家たちのパトロンとなっていたため、ヴィトゲンシュタイン家や別荘のサロンには多くのアーティストが出入りしていた。シュトラウス、ブラームス、マーラー、カザルス、クリムト、ホフマン、ロダン……。

そのような豊かさと芸術的な才能の溢れた環境の中で、好奇心からフロイトの精神分析を受けるような姉マルガレーテだけは毛色がちがっていた。ラテン語とドイツ語の古典書籍だけを読むようにという父の教えに彼女はそむき、『人形の家』のイプセン、ショーペンハウアー、キェルケゴールの書物を読んだ。23歳で拳銃自殺をしたヴァイニンガーの『性と性格』まで読んでいた。

ルートヴィヒはこのマルガレーテから大きな影響を受けてゲーテを読み、ニーチェなどの哲学書を読み、さらにはフレーゲやラッセルらの数学書を読んだ。ヴァイニンガーを読んだときは、「偉大な仕事をなさない人生は虚偽だ」という主張に心を動かされた。

彼は音楽的素養の他に理工系にも秀でていて、8歳のときには幾針か縫える程度のミシンや複雑な模型飛行機を組み立てていた。ちなみに、クリムトはマルガレーテの肖像を描き、その絵は現在ミュンヘンのピナコテークに所蔵されている。

男兄弟は五人だったが、パウルとルートヴィヒを除く三人は若くして自殺した。ルートヴィヒが13歳になる前に音楽家志望だった長兄ハンス26歳がキューバの海に浮かぶ船から姿を消し、その二年後にはベルリン大学学生で役者志望だった次兄ルドルフが服毒自殺をした。この二人は息子たちをどうしても実業家にしたかった父カールとの間に強い確執があった。

すでにカールは亡くなっていたが、三男クルトは第一次世界大戦の前線において部下たちのように投降することを承服できずに拳銃自殺をした。こういった兄たちの自殺によって、また生来の鬱気質も手伝って、ルートヴィヒは自殺の観念に囚われることが多くなり、自殺しかけたこともあった。

二十代半ばの彼は日記にこう書いている。

「自殺が許されるなら、あらゆることが許される。何かが許されないなら、自殺も許されない。このことは倫理の本質に光を投げかける。なぜなら自殺はいわば基本的な罪なのだから。…それとも、自殺でさえ、それ自体は善でも悪でもないのか！」

（藤本隆志『ウィトゲンシュタイン』）

もっとも、クリムトの絵のように爛熟した官能と頽廃が満ちていた世紀末ヴィーンでは自殺率が非常に高かった。多くの有名知識人が公然と自殺について語り、また実行したのだった。理由は人それぞれで、同性愛に悩んで自殺した者も少なくなかった。

ヴィトゲンシュタインの家系はユダヤ系ではあったが、ドイツのザクセンからヴィーンに移住した祖父の代でキリスト教プロテスタントに改宗し、家族の中では父カールだけがプロテスタントで、妻と子供たちはみなカトリックだった。

しかし、オーソドックスな信徒とは異なる信仰をルートヴィヒは持っていた。それは非常に知的なもので、遺稿の中にもたくさんのキリスト教関連の記述が残されている。

同時に、彼は自分には非アーリア人であるユダヤの血が七割がた流れていることを神経症的なほどに意識していた。しかし文化の観点からすれば、ヴィーンを魅力ある芸術の都にしたのはヴィトゲンシュタイン家のように土着化したユダヤ人の血を持つ者たちであったのだ。

ルートヴィヒ・ヴィトゲンシュタインは当時の上層階級の子弟と同じく14歳まで家庭で教育を受けた。それからリンツの実務学校に入ったが成績はよくはなく級友にもなじめず、出席日数は欠席日数をはるかに下回った。

その後はベルリンの工科大学に入ったが満足できず、次にはイギリスのマンチェスター大学工学部の研究生となり、ジェット推進プロペラの設計に打ちこんだ。ヴィトゲンシュタインはその頃まだ、将来は父のようなビジネスマンになるのだと考えていた。

彼はプロペラ研究を契機に数学基礎論に強い興味を持つと、バートランド・ラッセルとホワイトヘッドの有名な『数学原理（プリンキピア・マテマティカ）』とさまざまな哲学書を集中して読んだ。それから論理学者フレーゲを訪ね、その縁からケンブリッジのラッセルやムーアと出会った。

彼についてラッセルはこう書いている。

「彼は風変わりな男だったが、その考え方も私には奇妙に思われた。だから、まるまる一学期間私は彼が天才なのか、それともたんなる変人なのかわからなかった。…私の知るかぎりで、天才のもっとも完璧な実例でありうる。情熱的で、深遠で、強烈で、支配者的である」

（クリスティアンヌ・ショヴィレ『ウィトゲンシュタイン　その生涯と思索』）

ラッセル他多くのすぐれた知性の人物と知己を得たヴィトゲンシュタインは大学

はじめに

院生としてケンブリッジで学び、またたくまにラッセルと論理学や哲学について対等に論争するようになった。

24歳の秋からはノルウェイのフィヨルド沿いにあるショルデン村の小屋に引き籠って孤独の中で論文原稿を書き始めたが、1914年に第一次世界大戦が勃発すると、25歳の8月にオーストリア軍の砲兵となった。ヘルニアの手術で兵役が免除されていたにもかかわらず、強い義務感から志願したのだった。そしてロシア軍と戦った。

彼は明らかに自分が死ぬことを意識していた。戦線に立った1914年の日記にこう書いている。

「私が死ぬのは一時間後かもしれない。…では、この瞬間のひとつひとつを克服するためにはどのように生きるべきなのか。人生がおのずから終わるそのときまで善と美において生きるにはどうすべきなのか」

（クリスティアンヌ・ショヴィレ『ウィトゲンシュタイン　その生涯と思索』）

はじめに

ヴィトゲンシュタインは勇敢な兵士として働き、勲章をいくつか受けている。前線の戦いで乱れそうになる彼の心を支えたのはトルストイが書いた『要約福音書』と、持ち歩いていた原稿の加筆だった。功績によって少尉にまで昇格したが1918年の11月にイタリア軍の捕虜となった。

兵士であった五年間も含めて六年越しで書かれた原稿は1922年に独英対訳の単行本としてイギリスで出版された。これが有名な『論理哲学論考』であり、ヴィトゲンシュタインの生前に刊行されたただ一冊の哲学書である。この薄い一冊が当時の哲学界に衝撃を与えた。従来のほぼすべての哲学を真っ向から否定した書物だと思われたからである。

とはいっても、従来の哲学書のここかしこがまちがっていると指摘したのではない。人間の論理的な思考と表現に用いる文章（命題）というものがいったい世界のどこまでを伝えうるものなのか、どこまでしか伝えられないものなのかを論理の点から考察したのである。

ふつうの人々から見れば、『論理哲学論考』は数式の入った難しい論理学の書物にしか見えない。しかし、ヴィトゲンシュタインはこれを倫理と美学についての哲学書として書いた。そのことは序文にもはっきりと記されている。

「この本は哲学の問題を扱い、これらの問題に問いを立てることが…言語の論理の誤解に基づくことを示す。この本の全意義を次のような言葉にできるだろう。〝もともと言い表せることは明晰に言い表せる。そして語りえないことについては人は沈黙する〟」

（木村洋平訳）

つまり、これまでの哲学は難解な問題を扱っていたのではなく、言葉の使い方を誤っていたために、哲学の対象がことさら難解なものになってしまっていた、というのである。

哲学が取り組みながらも解明できない問題は難しいのではなく、そもそも言語で言い表せないものを言語で表現しようとするからなのだ。言葉で言い表せないものはただ示すしかない。あるいは口をつぐみ、音楽や絵だので別に表現するしかないというわけである。

ヴィトゲンシュタインはこの本を書いたことで哲学の問題はすっかりかたづいたと思った。戦争が彼をすっかり変えてしまっていた。ヴィトゲンシュタインは宗教的になっていて、哲学についてはもう何もすることがないのだから、神父か教師になりたいと思っていた。

純粋になりたいという深い熱望が以前からあり、彼は父から受け継いだ厖大な財産のいっさいを残った兄と姉たちに譲渡した。

実際、ヴィトゲンシュタインは自分の望みをはたした。教員養成学校をへて1920年の夏に修道院で庭師として働き、その後に小学校の臨時教員となった。トルストイの書物の影響で農村の人々に幻想を持っていたのだが、現実の農民はもっと野卑で残忍なものだった。

別の小学校や中学校でも教え、37歳のときに教師を辞任してまた別の修道院で庭師助手となり、姉の邸宅の建築監督をしたり、少女の頭部の彫像をつくったりした。

ケンブリッジに戻ったのは40歳のときだった。すぐに博士号を取得し、トリニティカレッジで今度は日常語についての哲学的探究をテーマに教え始めた。学生の中にはアラン・チューリングがいた。彼は後年コンピュータを発明する。

ヴィトゲンシュタインが哲学教授となったときは50歳だった。当時、反ユダヤ主義のナチスがドイツとオーストリアを支配したため、ユダヤの血の混じる彼はイギリス国籍を取得せざるをえなくなった。

「講義は下準備もノートの類もなしに行なわれた。…講義中に生まれるものは、大部分が蓄積された知識ではなく、その場でわれわれを前にして生み出される新しい考えであった」（ノーマン・マルコム『ヴィトゲンシュタイン　天才哲学者の思い出』）

大学で教えていながら、ヴィトゲンシュタインは職業哲学者であることやアカデミックな雰囲気をひどく嫌っていた。授業が終わるとすぐに友人と連れ立って映画館へと向かい、必ず最前列の席で視界をスクリーンだけで占めながら大衆向けのアメリカ映画を観た。そうでもしないと、ふさいでいた気が晴れないのだった。彼にとって、哲学の授業をすることはある意味で「生き地獄」だったのだ。

大学の宿舎に住み、飾りがまったくない部屋にはベッド、椅子、テーブルしかなかった。電気スタンドもなかった。手提げ金庫があったが、中身は書きかけの原稿やメモだった。服装は清潔で質素だった。ウールの上着かジャンパー、いつも灰色のフランネルのズボン、ネルのシャツしか着なかった。夕食も堅いパンとバターとココアだけと質素だった。

58歳で大学教授を辞職。前立腺ガンのため62歳で死去した。独身だった。病院で死を迎えることを恐れていたのでケンブリッジの知り合いの医師の家で最期の日々をすごした。

病状が悪化したヴィトゲンシュタインは「みなさんに伝えてください、私はすばらしい人生を送ったと」と述べてから瞑目した。

自分の影響についてヴィトゲンシュタインはこう書いている。

「私があたえることのできそうな影響はといえば、なによりもまず、私に刺激されて、じつにたくさんのガラクタが書かれ、もしかしたらそのガラクタが刺激となって、いいものが生まれることかもしれない。いつも私に許されている希望は、このうえなく間接的な影響をあたえることだけなのだろう」

（ヴィトゲンシュタイン『反哲学的断章』丘沢静也訳）

なお、ヴィトゲンシュタインの生前に刊行された哲学書は『論理哲学論考』のみだが、その死後に編纂されて発刊された主な著書についてごく簡単に説明しておく。

◆『哲学的考察』

自分の仕事を説明して大学の助成金を得るために１９３０年までに書かれたもので、数学哲学、色彩の文法、痛みについて、意味の検証理論など、さまざまなテーマが論じられている。

◆『哲学的文法』

言語の意味は、その使われ方から生まれ、その使われ方が生活の仕方と不可分であることが語られる。

◆『青色本・茶色本』
口述講義録。言語のゲーム性、いわゆる「言語ゲーム」（言葉の意味は状況とその背景によって支配され、意味を変えていく）について実例が語られる。

◆『哲学探究』
最初の『論理哲学論考』が前期の主著ならば、これは内容的に後期の中心主著とみなされる。ただし、その書き方は、「哲学は詩のようにつくるしかない」と『反哲学的断章』で述べていたように、疑問形や自問自答の多い断章の羅列である。

言語の論理的構造は現実にある構造をそのまま写しているとする『論理哲学論考』に根本的な誤りがあったことを認め、言語は現実の写しといった単純なものではなく、無数の背景の中で異なった意味で使われているという立場から今度は現実の日常言語をあらたに分析していく。

◆『心理学の哲学』
原題は「心理学の哲学についての考察」。知覚、想像、思考、意図、偽装など、人の内的体験について考える。フロイトの心理学についてはまっとうなものだとはみなしていない。

◆『確実性の問題』

死の直前までのメモを断章的に集めたもの。何をもってそれが確実であるとわかるのかということを問題にしていく。

CONTENTS

II 言葉について

III 心について

V

人間について

VI 世界について

VII 自己について

参考文献

I　考えることについて

考えることについて

001

他の誰も自分のようには考えてくれない

自分独りでじっくりと考えなければならない。他の誰も、自分のようには考えてはくれないのだ。

自分の頭に帽子を乗せるのが自分だけであるように、考えることはつねに自分がしなければならない。

（『反哲学的断章』）

考えることについて

002

きみがいいと思ったら、それでいい

誰かがそれはくだらないと言ったのかい。頭から否定したのかい。すばらしいと賛成してくれたのかい。

否定されようが、賛成されようが、きみがいいと思ったら、それでいいじゃないか。否定も肯定もたんに表現にすぎない。言葉にすぎない。誰かから何と言われようと、それで事実がほんの少しも変わってしまうわけじゃない。

(『ウィトゲンシュタインの講義Ｉ』)

003

比べるのは悪い癖だ

比べる癖はよくない。

比べて価値の優劣を決めたがる悪い癖はもうやめよう。

どんな人にもどんなものにも、それぞれ自分にとっての価値や美しさがあるのだから。

たとえば、デザインのすぐれたソファと、恋人と行く劇場の入場券。この二つの価値を比べることは途方もなくナンセンスだ。

お金で買えるものにしてもこういうふうに比べることなんかできない。だから、わたしたちのたいせつなものに関しては、言うまでもないことだ。


（『ウィトゲンシュタインの講義II』）

004

わたしたちは論理的に考えるが、考えたことが正しいとは限らない

わたしたちは論理的に考える。なぜならば、考えるときに使う道具である言葉とその文法はもともと論理的なものだからだ。

だからといって、論理的にいつも正しく考えることができるとは限らない。考えた一文ずつは確かに論理的だけれども、次の文とのつながりがまちがっている場合があるからだ。

それにまた、考えたことがいつも現実に即しているとも限らない。現実というものは人が考える範囲よりも、言葉がおおう範囲よりも、ずっと広く多彩な変化をするからだ。

（『論理哲学論考』）

005

わたしたちには直線的に考える癖がある

わたしたちにはいつも直線的に物事を考える癖がある。

したがって、たとえば自分の将来について思いをめぐらすとき、今の自分の状況から将来がどう直線的につながっていくかというふうに真っ直ぐな線を引いて考えることが多い。

また、世界がこれからどうなるかということを考えてみるときですら、今の世界の動きがさらに進展していくという前提で未来の予想を立ててしまうのだ。

今の世界の動きから突如として変貌していくとか、そのつど世界が変化を続けていくといったふうに考えたりはしないものだ。しかし、実際の世界はそういうふうに動いているのではないか。

(『反哲学的断章』)

006

別のルールで考えろ

障碍《しょうがい》があるからといって苦しんでいるのか。障碍があるから断念をするのか。その障碍に負けそうになっているのか。

だとしても、どんな障碍も乗り越えることができる。

そのために、頭を切り替えろ。すっかり切り替えろ。これまでの考えをすっぱり棄て、世間で考えられていることをもすっぱり棄てるのだ。そして、まったく別のルールを使うのだ。今までのルールではなく、別のルールで考えるのだ。

この道でたどりつけなかったら、別の道を行くというように。そこには、今きみの前に立ちふさがっている障碍は存在しえないのだから。

(『ウィトゲンシュタインの講義Ⅰ』)

007

つまらない考えに揺さぶられていないか？

風が吹いてきて、木を揺さぶる。風は大木をも揺さぶる。わたしたちもそんな木々のようなものだ。つまらない考えに、くだらない考えに、どうしようもない思いに、心を揺さぶられている。

（『反哲学的断章』）

008

難問は雑草のように根こそぎ引き抜け

地面にちょろちょろとしか生えていない雑草を引き抜こうとしてもまったく手に負えないときがある。大きくて複雑な根が土の中に深くはびこっているからだ。

難問とはえてしてそういう厄介なものだ。今までのやり方で解決できるものではない。眼に見えるところだけ対処していてもどうにもならない。根こそぎ引き抜く必要がある。

そのためには、これまでになかった新しいやり方で対処しなければならない。その新しいやり方を考え出すために自分がまったく新しい人格にならなければならないほどの。

（『反哲学的断章』）

常識の中に逃げるな

生きている限り、さまざまな問題が立ち現れてくるものだ。その問題と真正面から取り組め。格闘せよ。決して逃げるな。

常識を持ち出してきて、その問題の解決としてしまうな。常識にしたがえばこうだから、という言い訳をするな。誰もが知っている常識はその場の人々をなだめはするが、実際の解決にはならない。

だから、問題の泥沼にどっぷりとつかり、じたばたしながらも必死に闘え。そしてようやく勝って、自力で泥沼から這い出るんだ。

（『ウィトゲンシュタインの講義II』）

010

因果論を棄てよ

「やっぱり、こうならざるをえなかった」

というふうに考えるのは簡単だ。かつまた、仕方なかったと思ってあきらめやすいものだ。

しかし、そういう考え方は年寄りじみた因果論にすぎない。少しも柔軟性のない考え方から生まれてくるものだ。

そんなふうに考えてあきらめてばかりいると、他の可能性が見えなくなる。自分から積極的に発想していこうという気概が衰えてしまう。

だから、「いや、他の手を打っておけば、まったく別なふうでもありえたのだ」と考えるようにしようではないか。そうすれば、次の新しい考え方と行動が生まれてくるからだ。

（『反哲学的断章』）

問題は必ず解決できる

そこに問題があるならば、必ず解決できる。
なぜならば、それを問題としてわたしたちがもうつかまえているからだ。
どういう問題にしても、要は小さな問いの集まりだ。そこに問いがあるならば、とっかかりがあるということであり、その場所から探っていくことができる。

探っていくことができるならば、そこには新しい発見があり、そこから問いひとつひとつの解決が見出されてくる。そうして、全体としての問題の解決へとたどっていけるからだ。

（『哲学的文法2』）

012

理解とは見晴らしのよさのこと

「なるほど、わかった」と声に出して言うほどの理解が起きるとき、わたしたちはなんだか見晴らしのいい小高い丘に立ったような気分を覚える。

この気分はわたしたちの理解を現実的に表現している。というのも、わかったと確信が持てたとき、これまでのいくつもの曖昧な点がつながって意味と役割を持って生まれ変わり、そのために問題の構造の全体が見渡せた感触を得るからなのだ。

つまり、この俯瞰の感じがわたしたちに風景の俯瞰と同じ気分を与えてくれるのだ。

(『フレーザー「金枝篇」について』)

013

「たら、れば」で考えることから悲劇が始まる

起きた事柄に対して、「もし…だったら、こうではなかったろう」とか、「これがこうであれば、こんなことは起きなかったはずだ」と、いったん考え始めたとたん、なんと多くのことが、痛ましいこと、不運や悲劇に変わってしまうものか。

（『哲学宗教日記』）

014

虚栄心が思考を妨げる

ちゃんと考え続けていくことを妨害するのは、外の雑音や話し声ではない。赤ん坊の泣き声でもない。砲弾の音でもない。

まともに、精確に、慎重に、どこまでも深く、考えていくことをいとも簡単に妨げるのは、なんとかして功成り名を遂げたいという気持ちだ。

一目置かれたり、尊敬されたり、ちやほやされたいという心根だ。自分だけは特別だという思い上がった気持ちだ。みんなからよく見られていたいという気持ちだ。

（『反哲学的断章』）

015

帰納法を過信するな

くり返し起こったことや事例に共通する点を見つけ、そこに一般的なものを見つけ出すのが帰納法だ。

たとえば、これまで見てきた猫はみんなネズミをつかまえたから、どんな猫でも必ずネズミをつかまえるものだという一般的結論を出すことだ。

しかし、こういう帰納法はちっとも論理的ではないし、確度も高くはない。なぜなら、これまでにくり返し起こったことが明日もまたくり返されるとは決まっていないからだ。

そして何をどれと結びつけて共通点とするかというのは、人の経験と心理によるものにすぎない。

こうして人は帰納法に頼るばかりに、新しい事態に対処できなくなったり、安心しながら以前と同じ手法を用いて商売に失敗したりするのだ。

（『論理哲学論考』）

016

「考える」ということにも人それぞれちがう解釈がある

「考える」ということがいったいどんなことか、何をどうすることが考えることになるのか、わたしたちはそれほど明確に知っているわけではない。

しかしながら、「考える」という言葉使いをわたしたちは状況の中で学ぶ。あるいは、その言葉の使い方というものを真似て学んできたのだ。

だから、「考える」ことは、ある人々にとっては今の段階で自分の損得がどうなるかをすばやく計算することを意味している。

また別の人々にとって「考える」ことは、相手の望むと思われる言葉や正解を自分の記憶の中に探すことであり、他の人々にとって「考える」ことは、とりあえず相手が去るまでは目線を下げながら黙りこくる姿勢を保つことを意味する。


（『断片』）

017

比喩が考え方を束縛する

わたしたちはよく理解できていない事柄までをも、物になぞらえて理解しようとする傾向がある。たとえば、時間だ。わたしたちはこう言う。「時間が流れていく」「またたくまに時間が過ぎ去る」「時間が消費される」「時間がもったいない」

このような言い方はふつう、川の水や風や食べ物など、物についての言葉だ。それを時間にまで安易にあてはめて、時間とはそれら物質と似たような性質を持つものだという観念を固く持ってしまっている。

そういうふうに言葉の比喩から考えるようになると、時間はいつのまにか物の一種になってしまう。その姿勢からは、変化を時間という言い方で表しているという別の考え方ができなくなってしまう。

それと同じように、一つの考え方しかできないのならば、その考え方に沿った生き方しかできなくなってしまう。

（『哲学』）

018

知識を疑い、自分でとことん考えよ

学校でこんなふうに教えられる。「水は水素と酸素からできています。砂糖は炭素と水素と酸素からできています」

このことがわからない児童はわかる児童よりも劣っているとみなされる。理解する力が弱いと判断され、低い点数がつけられる。

こんなふうに教えられたものを丸呑みすればよいというシステムにおいては、子供たちがそれぞれに育てるべきたいせつなものがまったく隠されるか失われてしまう。

そのたいせつなこととは、自分なりに疑うこと、とことん考えてみること、じっくり観察してみること、などだ。

（『反哲学的断章』）

019

「知っている」と思えば進歩は止まる

人はいとも簡単に言葉の魔術にだまされてしまう。

たとえば、強力な魔力を持った言葉はこれだ。「知っている」

知っていると言われただけで、相手はその事柄のことごとくを理解しているのだというふうに考えてしまう。

同じように、自分はそれについて知っていると思った瞬間、もはや深くまで追求していこうとはしなくなる。

(『確実性の問題』)

020

哲学は難しくない。混乱しているだけだ

哲学というものは難しいのか。いや、哲学の全体が混乱してとり散らかっているから、複雑で難しく見えているだけだ。

なぜ、乱雑な部屋のようにとり散らかっているのか。たとえば、ある一つの概念の言葉が個々の哲学者によって別々の意味で使われているからだ。

だから、その無秩序な部屋から雑多なゴミを掃き出し、きれいに掃除してやる必要があるだろう。

（『哲学』）

021

哲学とは整理整頓だ

科学と哲学を何にたとえよう。

たとえば科学とは、重い煉瓦を一つずつ運んできては正確に据え置き、やがてそこに頑丈な家を建てることに似ている。

哲学は、散らかりほうだいになっていた部屋を見て溜息をつき、それから少しずつ整理整頓していくことに似ている。しかも途中でゴミを捨て、家具の位置を変えたりインテリアを工夫したりする。

そして雑然としていた部屋をすっきりと爽快にすることなのだ。しかし、終わったと思ったとたん、別の人が来てあれやこれやと別の方法で整理を始める。

（『ウィトゲンシュタインの講義Ⅰ』）

022

現実と思っているものは想像にすぎない

まったくの漆黒の闇の中に置かれた薔薇の花は、本当に赤いのだろうか。その薔薇が本当に赤いかどうかわからないのに、わたしたちはその薔薇は赤いと考え、想像してしまう。

他の事柄についてもわたしたちは、それはまったくそうであるにちがいないというふうに、自分の想像や考え通りに現実が存在していると思ってしまうのだ。

(『断片』)

人はみな自分の感性と考え方の囚人だ

人はみな、監獄の中の囚人だ。その監獄とは、自分の感性と癖のある考え方のことだ。

自分の感性がとらえたものをありのままの世界の様子だと固く信じこんでいる。

自分の癖のある考え方と似たような考え方を他の人もするのがあたりまえだと思いこみ、少しも疑うことがない。

（『哲学宗教日記』）

024

検証せずに確信していることが多くないか?

わたしたちはどんなことを信じているのだろう。何を当然の実在するものとして信じ、何を絶対に実在しない空想だとみなしているのだろう。何を誤りとし、何を正しいとしているのだろう。そのことを決定づけているのは、自分がこれまでに何を多く聞き、何を多く学んできたかということだ。

そのため、ある人々は幽霊や怪物の存在を信じ、他のある人々はそんなものは迷信にすぎないと一笑に付す。

もっとも、その両者ともそれらが実在しているかどうかを自分の眼で見たり、自分自身で科学的に検証したわけではない。ただ、彼らはそういうふうに確信してきただけなのだ。

(『確実性の問題』)

025

答えがあるから問いができる

問いがあるならば、答えを見出すことができる。なぜならば、答えをどのようにして求めればよいのか、その問いがもうはっきりと指示しているからである。

だから、ちゃんと問うことさえできれば、すぐ近くに隠れている答えへの道筋がはっきりと見えてくるのだ。

（『哲学的考察』）

026

どのように考えようと、物事は無関係に動くものだ

わたしたちはたぶん物事を自分にとってわかりやすくするために、わざわざ擬人化して解釈する癖がある。

たとえば、動物を人間の赤ちゃんに見立てて感情移入をしてみたり、自然や物や機械にあたかも意志があるかのようにして理解する。

さらには、物事の推移についても擬人化して受け取る癖がある。しかも、物事が自分にとってはなはだ都合のよくない変化などをしたときに、それを物事の悪意の現れとして考えたりするのだ。

けれども、そのような考え方はやはり身勝手なフィクションにすぎない。人がどう考えようとも、そのこととはまったく関係がなく物事は自然の理にしたがって厳粛に推移するだけなのだ。

（『反哲学的断章』）

027

自分のとらえ方次第で古いものも新鮮になる

古い建築材料を現在のモダンな建築物に取り入れたとしよう。すると、それは一部分だけ古いと感じられるだろうか。そうではない。これまでになく斬新な建築物になるだろう。

これと同じように、古いものをどうとらえるかだ。古いものを古いだけのものとしておいたら、それは古臭いままだろう。しかし、古いものを現在に活かせば、それはとても新しいものになる。

要は、何についても自分のとらえ方次第で新鮮なものに変わるのだ。

(『反哲学的断章』)

028

誤りから貴重なものを汲みとれ

自分が犯したささいな不注意からのミス、あるいは大きな誤り。それらについて舌打ちしたり、後悔したりするのは簡単だ。しかし、ちょっと考えれば、それら誤りから貴重なものを汲み取って、これからの自分に大いに役立てることができるはずだ。

（『反哲学的断章』）

029

「信念」や「確信」を疑え

収穫したリンゴを出荷するために、リンゴの一個一個を検査する。そして品質や見映えなどに合格したものだけが市場に出される。商品として確実を期すためだ。

しかしなぜか、その検査そのものを検査することをしないのだ。検査が正しいとは限らないのに。

わたしたちもこれとまったく同じことを平然と行なっているのではないか。なぜならば、自分たちがずっと抱いている信念や確信の正しさをちっとも疑わないのだから。

（『確実性の問題』）

判断には物差しが必要

およそ判断を下すときには、前もって基準や規律があるのだろう。あるいはまた、何かの権威を完全に認めていて、そこから判断を下すことになる。つまり、判断を下すためには物差しを持っている必要があるわけだ。わたしたちのふだんの生活においては、それぞれがなにがしかの小さな物差しを持っている。

では、国家が戦争を始めるという判断のための物差しとは……。何か大きな権威を国民が承認している場合は……。

（『確実性の問題』）

わかりやすい説明とは細かい説明ではない

わかりやすく説明するというのは、事細かに丁寧に説明することではない。短い時間で相手が理解したと思うように説明することが、わかりやすさを生むのだ。

では、どうすれば相手が理解したと思うようになるのか。

それは、その事柄について相手がすんなりと見渡すことができたという感触を持つことだ。つまり、事柄の全体の見通しのよさが感じられるような説明の仕方が必要になる。

すると、相手はその事柄を自分の手でつかむことができたという感覚、すなわち把握できたという感覚を持つことができる。完全ではないにしても、それが理解の第一歩になる。

（『哲学的文法1』）

032

人それぞれ解釈がまるでちがう

⊠

これは何だろう。

「正方形と対角線」

「通行禁止の記号」

「ピラミッドを上から俯瞰した形」

「四角錐の形の穴」

「爪」

「スワスチカ（鉤十字）」

こんな小さなことについても、わたしたちそれぞれの知識や気分や状況や経験によって、解釈はまるで異なる。

同じような、しかしもっと重要なことが日常で頻繁に起きている。

（『心理学の哲学1』）

経験とは解釈のこと

二人で共通の思い出を語る。おおよそは同じ思い出なのだが、その思い出についてのお互いの言葉があまりにもちがうということを経験したことはないだろうか。まるで、別の過去を語っているかのような。

それは、過去の出来事についてのそれぞれの解釈が思い出を語るときの表現になっているからなのだ。

つまり、経験をありのままに語ることは誰にもできない。なぜならば、誰もが、自分の解釈が自分の経験したことそのものだと信じているからなのだ。カメラでさえ事実の全体を映すことがないように。

(『心理学の哲学1』)

034

「思い出」とは、今の自分からの記憶への反応だ

誰かが死んだとき、あるいはなつかしさに心満ちたとき、また子供時代を語り合うとき、わたしたちは思い出を語る。

そのとき、わたしたちは自分の中にたくわえていた記憶のデータの一部をそのまま言葉に変換しているのだろうか。だとしたら、同じことについての各人の記憶がもう少し一致していてもいいのではないだろうか。

実は思い出というのは、いくつかの記憶についての今の自分からのさまざまな反応のことなのだ。だから、今の生き方や考え方によって、わたしたちの思い出はいかようにも変わっていくことになる。

(『哲学探究』)

035

恋しているのは現実の相手ではない

恋人は相手のことを考える。一晩中かけて思い慕う。ところが、その相手の現実は恋人が考えた相手とはややずれている。考え続けた相手とは、自分が解釈した相手の姿だからだ。

にもかかわらず、翌日に恋人が相手と逢ったとき、自分の考えていた通りの相手だと確信する。

なぜならば、そのときの自分に対する相手の言行や反応を自分なりに解釈しているからだ。

（『断片』）

036

相手そのものではなく
イメージについて考えているだけだ

「ずっと、きみのことを考えていた」

あるいは、

「いや、なんだか急にあいつのことを考えてしまってね」

こんなふうにわたしたちは人のことを「考え」たりするのだが、このときにわたしたちに浮かんでいるものは相手についての自分の想像のことだ。相手について自分が解釈した事柄をその相手そのものの性向や行動だと思いこみ、そうしてつくりあげた像を現実の相手だとみなしたうえでの想像だ。

いわば、相手の中身をくり抜いて、そこに自分の思いや価値を詰めこんでいるようなものだ。相手自身の現実について考えているわけでは決してない。

（『断片』）

037

確信とは、根拠もなく信じること

確信とは、信じることだ。しかも、根拠もなく。

たとえば、太陽は空の穴ではないと確信していることもそうだ。太陽と呼ばれるものが穴ではないことを証拠立てることもなく、ただそのように信じているにすぎない。

同じように、人は世界がこのようにして存在しているということをずっと確信し続けているのだ。

(『確実性の問題』)

038

知識とは、ただ信じていることにすぎない

学習の第一歩は、まずは言われるままに信じることだ。

たとえば、大人が「南半球にはオーストラリア大陸がある」と言ったとき、子供は大人である先生のその言葉と教科書に記されてあることをそっくりそのまま信用することで学習を始めるのだ。

そして、子供は友人に「知ってるかい。地球の南側にはオーストラリアっていうでっかい大陸があるんだぜ」と自慢げに言ったりする。だから、その子供が知っていることとは、彼が信じている事柄なのである。

わたしたち大人が知っていることもほぼそういうふうに以前からずっと信じている事柄にすぎない。

（『確実性の問題』）

039

常識は過去の経験からできている

猫は、木の枝の分かれ目から生まれてはこない。

それはまったく確実なことなのだろうか。

いったい、わたしたちは何をもって確実なことだとしているのだろうか。

わたしたちが確実だと思うその根拠はどこにあるのだろうか。

それは経験だ。

過去の経験。自分だけの経験ではない。他人の経験も根拠になっている。

しかも、昔からの無数の他人の経験もだ。

それらすべてが自分の確信の根拠になっている。それらすべてを、わたしたちは別の言葉で言い換えている。すなわち、常識。あるいは、知識。


（『確実性の問題』）

II

言葉について

040

言葉の意味とはありきたりの意味のこと

それぞれの言葉の意味とは何だろう。
それは、その言葉を使ってみんながこれまでに使ってきたありきたりの意味のことだ。

(『哲学探究』)

041

意味は言葉の中に元々あるのではなく、人によって与えられる

ある一連の文章や、ある一つの言葉自体にそれぞれ特有の確固とした意味がこめられている、と思いたがる人は少なくない。

しかし、意味というものはその文章や言葉の使い方という環境や状況や文化レベルから初めて生まれてくるのだ。

たとえば、二人の間でバカにする言葉が投げつけられたとしても、二人の間柄と状況によって、その意味は励ましの意味にもなるし、慣れたからかいの意味にもなるように。

お金の価値も、言葉の意味と同じだ。紙が紙幣として価値を持つのは、わたしたちの信頼という状況がその意味を与えているからだ。

意味を含んだものがあるのではなく、わたしたちが何かに意味を与え続けているのだ。

（『断片』）

042

同じ言葉でも人によって中身は違う

さまざまな経験をへてきた人が口にする「愛する」という言葉と、欲望と損得だけの生き方をしてきた人が口にする「愛する」という言葉は内実がまったくちがう。神の存在を認める人が口にする「信じる」という言葉と、法律を正義の根拠とする人が口にする「信じる」という言葉の意味はまったく異なる。登山してようやく山の頂上にたどりついた人と、ヘリコプターで頂上に降り立った人と、ケーブルカーで登頂した人では、その山についての言葉の内実がちがってくる。

話し合った結論としてまったく同じ言葉を共有したとしても、そこにたどりつくまでの迷路の道筋がちがうならば、同じ言葉でありながら含むものがまったく異なる。

互いに言葉をついやしてたくさん語り合ったのにそれぞれにうまく理解できていないという場合、そういう理由が後ろに横たわっているのだ。

（『哲学探究』）

一つの言葉が多くの意味を持つ

一つの言葉がずっと同じ意味しか持っていないということはありえない。

たとえば、愛という言葉。

ある場合には、愛は無限の包容を意味する。しかしまた、ある場合には、愛着という一種の粘着的な執着を意味する。

無限の包容を意味するときは、愛は相手の自由を尊重することになり、場合によっては相手が離れていくことまで赦す態度になる。

執着を意味するときは、愛は相手をがんじがらめに縛り、所有物のように扱う態度までをも意味する。

このために、同じ言葉を使いながら、男女は終わらない喧嘩をすることになる。

（『哲学』）

044

きみの表現が下手なのではなく、言葉自体に限界があるのだ

ちゃんと説明しようと思ってもうまくいかなかったということはいくつもあるだろう。本当に相手にわかってもらえたのかと、あとで不安になったこともあるだろう。

でも、それは仕方のないことだ。人は言葉で説明したり、言葉で自分の考えを表現するしか方法を持っていない。そして、そもそも、そのときに使う言葉というものが最初から舌ったらずなのだ。

自分の言い方や表現が下手なのではなく、言葉自体が物事や気持ちをストレートに言い表すことが苦手な構造だからなのだ。

そうだからといって、開き直る必要なんかない。言葉がそんなふうに舌ったらずであることをよくわきまえておいて、相手が言いたがっていることを今度は自分からうまく汲み取ってあげるやさしさがだいじになるのだ。

（『心理学の哲学1』）

045

言葉に表現できないものは思考ではない

「いや、それは私の考えとはちょっとずれている」とか、「これだけ説明してもまだわからないかなあ、私のこの深い思いが」などと、にがにがしい顔でいかにも意味深に言う人がいる。

そのような人は、思いだの考えだのといったものは自分の心や精神の奥にひそんでいて、他人からはまったく窺い知れない深遠なニュアンスを持った深遠なものだと独り得意げに思いこんでいるものだ。

しかし、言葉や文章にして表現できないものが自分の内側にあるというのならば、それはぐちゃぐちゃぐちゃとしたものではないだろうか。

そのぐちゃぐちゃとした形のないものは、どう見ても思いとか考えと呼ばれるようなものではないだろう。

（『哲学的文法1』）

046

沈黙している人に言いたいことがないと思ってはいけない

何もかも言葉で言い表すことができるわけじゃあない。言葉はいつも何か形のあるものになぞらえて語ることができるだけだ。現実のことに言葉をあてがうだけ、そういうふうにしか表現できない。現実がそこにあっても、それにあてがう言葉を持ち合わせていなければ、口をつぐんでいるしかないじゃないか。

ならば、誰かのひっそりとした沈黙を、言うべきことがまったくないことの証拠だと思わないように。簡単に言葉にしがたいことをたくさん持っているのかもしれないのだから。

（『哲学的考察』）

言葉がなければ考えることはできない

わたしたちは「自分は考えている」と安易に言うけれども、おそらくそのたいがいは自分の頭にあるイメージをぼんやりと眺めているだけだろう。

そして話すときは、頭の中にあるそのイメージや意味をわざわざ言葉に変換しているのだろうか。

そうではない。言葉そのものが考えを乗せることができるクルマなのだ。だから、言葉がないところに「考える」ということは生まれえない。文法にのっとった言葉の活動があってこそ、人は「考える」ことができるようになる。

何かをうまく言い表せないのは、うまく考えることができないでいることそのものなのだ。

（『哲学探究』）

048

愛という言葉はわからないからこそ魅力的な謎になる

若い人たちは、恋に憧れを抱き、恋愛とは何だろうとしばしば考える。母親たちは、育児はどうすればベストなのだろうと思い悩む。疲れてきたビジネスマンたちは、自分の人生とはいったい何なのだろうと酔った頭でひそかに考える。

愛。人生。育児。美醜。幸福。年齢。病気と健康。正義。平和。善悪。平等。成功。勝利、才能。あの世。真理。人間……。

ふだんからわたしたちが口にしたり考えたりするこういった言葉はみな概念だ。つまり、中身がまるでわかっていない言葉だ。

だからこそ、このうえなく魅力的な謎になる。それを探究してみようという気にさせるのだ。

(『哲学探究』)

049

概念の言葉にだまされるな

人は言葉にだまされている。トリックが仕掛けられた言い回しではなく、言葉一つにも簡単にだまされている。

たとえば、美しさ、善、真理、永遠といったさまざまな概念の言葉だ。

それら概念の言葉がいったい何を示しているのか、まだまったくわかっていないのに、それら概念の言葉を使った論理から何か重要なことが結論づけられるわけがないからだ。

いわゆる内容がからっぽで無意味なのだ。

それを実感するためには、何も哲学書を開いてみなくてもいい。街に溢れる多くの商業広告を見てみればいい。

そこでは何が美しく、何が今風であり、何がスマートであるかがえんえんと語られている。そして、それら無意味な広告を見て多くの人が真に受け、悩んだり、だまされたりしているのだ。

（『論理哲学論考』）

050

言葉を豊かにすれば、それだけ世界は広くなる

数十の言葉しか知らないならば、わたしたちは狭い世界で動物のように生きることしかできないだろう。

しかし百の言葉を知っていれば、自分の周りの世界は百の広さになる。千の言葉を知れば、世界は千ほどに大きくなる。万の言葉を知っていれば、世界はさらに広大になっていく。

言葉が増えるほどに見える景色が大きくなる。理解できるものが増えてくる。

だから、自分が理解でき、自由に使える言葉や言い回しをできるだけ増やしなさい。そうすれば、世界はもっと広くなる。それは、自分のチャンスと希望を限りなく大きくすることと同じなのだから。

（『論理哲学論考』）

051

時には
言葉で表現できないこともある

言えなかったことがあるだろう。言い足りなかったこともあるだろう。うまく言い表せなかったこともたくさんあるだろう。

それでも、がっかりしたり後悔したりする必要は少しもない。みんな同じだ。誰もが本当に言いたかったことを表現できないのだ。

それは、言葉を使うからだ。言葉で表せるものはそんなに多くはないものだ。本当に言いたかったこと、本当の気持ち、神秘的なこと、心からの愛は、言葉を超えているから、うまく表現できないのだ。

それが人生においてたいせつなものであり、貴重なものであればあるほど。

（『論理哲学論考』）

052

言葉ではなく
沈黙によって表現できる

どうしても言葉にはできないことがある。そんなとき人は、言葉を使わなくても沈黙によって表現できる。

（『論理哲学論考』）

053

簡潔な文章とは短い文章のことではない

表現を簡潔にしようと思い、できるだけ言葉を削って文章を短めにしようとする。しかし、言葉の数を物理的に短くしたとしても、それで表現が簡潔になったわけではない。

文章は他人に読んでもらうものだ。だから、簡潔になったかどうかはたんなる短さでは判断できない。むしろ、少し文章を長めにしたほうがかえって過不足がなくなり、読者が読みやすくなる場合も往々にしてあるのだ。

（『哲学宗教日記』）

054

説得に見えない説得の方法

さあこれから説得してやろうとする意気ごみや態度を見せると、相手はかえって説得されまいとして身構えるものだ。それは説得の力をとても弱めてしまう。

もっとも簡単なのは、説明しているうちに相手を納得させてしまうという形をとる説得の方法だ。

そのとき説明に使うもっとも強力な言葉は、「本当はこういうことだったのだ」「あからさまに言えば、これはこういうことでしかないのだ」という断定である。

(『美学、心理学および宗教的信念についての講義と会話』)

055

うまく伝わらないなら言い方を工夫せよ

翻訳とは、ある言語の文章を別の言語の文章にたんに置き換えることではない。そうではなく、文章の意味内容のみを別の言語で言い表すことだ。

このことは翻訳だけの本質ではない。このことは、誰かに何かを伝えることの本質であり、また同時に理解することの本質でもある。

だから、わたしたちの言ったことが相手にうまく伝わらないならば、言い表し方を工夫しなければならない。

また、自分がうまく理解できないと感じるならば、相手の言葉にこだわるのではなく、発言されている内容の意味や気持ちを汲み取るようにしなければならないだろう。

（『論理哲学論考』）

056

言葉を革新すれば世界も変わる

こんな腐った現状を一撃で打破したいのなら、古い世界におさらばして新しい世界の扉を開けたいのなら、自分が見聞きする言葉の中身を入れ替えてしまえ。

どんな言葉も、その中身、その概念は、その時代の文化・風潮・流行・価値観・政治的規範に染めあげられているものだ。だから、そのままの中身でその言葉を使い、かつ考えれば、やはりどうしても他の人々と同じ池の中で泳ぐことになる。

したがって、その場所を脱したいのなら、世間や自分の言葉の中身を自分で新しく見出し、新しい形で使っていくのがもっとも手っ取り早いのだ。そこに別の世界が拓けてくる。

(『心理学の哲学2』)

057

暴力の世界すなわち辞書

それぞれの意味の微妙なちがいをはなから無視し、微塵の深さも洞察もなく、何もかもいっしょくたにして平たいパレットの上に死骸の標本のように並べてしまう暴力が猛威をふるっている世界がある。

その世界の名は辞書だ。

(『反哲学的断章』)

058

言葉には辞書に載っていない意味がたくさんある

社会の中で生きていくためにさまざまな言葉の意味を知りたいと思っている人に辞書を一通りそろえてやれば充分なのだろうか。

確かに、書かれた言葉でも話された言葉でも、辞書を引けばその意味がわかるだろう。それにしてもなお、その人は社会の中で過不足なく生きていくことはだいぶ難しい。

というのも、一つの言葉の意味はもちろん一つだけではないし、その社会の生活の中でいくつもの異なった意味が生まれてくるからだ。たとえば、「そうですね」がいつも賛成の意味だけではなく、場合によって拒否を意味する場合がある。

そういうふうに、言葉の意味はその生活の流れの中から生じてくるものなのだ。だから、辞書と文法の本さえあれば翻訳ができるというわけにはいかないのだ。

（『心理学の哲学2』）

059

「幸せだ」と言える人は確かに幸せだ

「自分は幸せだ」

と口に出せる人は確かに幸せなのだ。

もし、誰かが「自分は貧乏だ」と言った場合、その人の資産状況をつぶさに調べてみれば、平均所得と比べて本当に貧乏かどうかを客観的に判断できる。

しかし彼が幸せかどうかは、そういうふうに客観的に判断できない。幸せかどうかというのは一般的基準がないからだけではない。

幸せという言葉は、何かを意味する言葉ではないからだ。では、幸せという言葉は何だというのか。幸せという言葉はもはや言葉ではなく、一種の叫びやアクションのようなものだからだ。

幸せという言い方は、喜びで反射的に声を出すときの声と同じものなのだ。

（『心理学の哲学1』）

060

どんな言葉も生活の状況とともに覚えこまれる

他の人が何の抵抗もなく使っているいくつかの言葉や言い方が、自分にとってはその響きを耳にするだけで不快な感じがする場合がある。

たとえば、「すばらしい」という言葉が、ある種のおべっかやからかいが混じった信用できない感じが滲んだ言葉として響くというふうにだ。

そのわけは、言葉を覚えたての幼児のときに、いやな状況で、あるいは何かふつうとはちがった感じをその言葉に結びつけた状態で覚えてしまったからでもある。人は幼児から子供時代にかけて純粋に言葉とその意味だけを覚えるのではない。そのときの状況や感じといっしょに覚えてしまう。どんな言葉も、そのときの生活とともに身にしみついてしまうのだ。その意味で、親や教師や周囲の人々の生活態度がその言葉を色づけてしまうとも言えるだろう。

（『哲学的文法1』）

061

無意味は無価値ではない

わたしたちはふだん、無意味という言い方をしばしば使う。

「これは無意味だ」「無意味なことをしやがって」「無意味な時間を送ってしまった」

しかし、どういうふうな言い方であろうとも、無意味とは「この場においては効果的ではない」とか、「今この場のこのことについては、さほど有用ではない」というほどのことを指しているのだ。無意味とは無価値という意味ではないし、人生にとってまったく無駄という意味でもない。

意味はその場によっていくらでも変わりうる。ここでは無意味だとされるかもしれないが、別の場ではとても意味あることになるのだ。


（『ウィトゲンシュタインの講義Ⅱ』）

062

「いい」「美しい」は誰かの注意を引くために使う言葉

わたしたちは一日に何度も、「よい」とか、「美しい」とか、「きれい」と言う。

それなのに、よいとはどういう状態なのか、美とはどういうことなのか、はっきりとは説明できない。

辞書に書いてある意味の通りではないし、人によって全然ニュアンスがちがっているし、国や文化によっても異なる。それなのに、これらの言葉がなくては生活できない。

いや、これらの言葉は誰かの注意を引くとき、あるいは自分の感動を表すときの言葉なのだ。「見てごらん、なんてきれいなのだろう」「それはとってもいいことじゃないか」

（『ウィトゲンシュタインの講義II』）

063

「なぜ」「どうして」は不安の言葉

「なぜ」

「え、どうして」

この言い方は、あたかも理由や根拠を訊いているかのようだ。「なぜ」や「どうして」が問いかけや質問のときの言葉だからだ。

しかし本当のところは、理由や根拠を知りたがっているのではない。それは、不安の声だ。困っているときの声だ。

もし、そうではないとしても、相手の本心を知りたがって心が揺れているときの切実な声なのだ。


(『ウィトゲンシュタインの講義Ⅰ』)

064

感嘆の言葉が多い人は表現に乏しい

「かわいい」
「すばらしい」
「カッコいい」
「すごい」
「最高だ」

これらの言葉は人を喜ばせるけれども、その効果を知っていて、とにかく何に対してもこれらの言葉を発しておけば丸くおさまるだろうと考える人もいる。

あるいはまた、そのつどの感動に対して、これら感嘆の言葉を頻繁に使うことしかできない人がいる。

そういう人はおおむね表現に乏しいものだ。同時に、自分自身をうまく表現することもできない場合が多い。

(『美学、心理学および宗教的信念についての講義と会話』)

規律はゲームのルールにすぎない

多くの人は、あるいは肩書きを持った人は、いろいろなことにつけ「ねばならない」と口にする。そのときに、その「ねばならない」ことの根拠を訊いたりすれば、彼はすぐさま眼に怒りを点火するだろう。

「規律正しく生きねばならない」「復讐はなされなければならない」「民主主義が勝たねばならない」「遵法精神を持たなければならない」

「ねばならない」と言える場合は、ある一つの言語ゲームのルールの中にみんながいるときだけだ。

そのルールが支配する世界から一歩抜け出れば、その「ねばならない」は最初からどこにもない。「ねばならない」が通用する場はしょせん一つの言語ゲームが有効な場所でしかないからだ。

ところが、現実はその人為的な言語ゲームにしたがってはいない。だから、そのゲームルールの外にある奇妙なこと、奇蹟的なことが現実に起きて人を驚愕させるのだ。

(『ウィトゲンシュタインの講義II』)

III

心について

066

自分自身をごまかすな

自分をごまかしてはならない。自分のしていること、気持ちのありかたをよく見つめ、自分の心にじっくりと耳を傾ける必要があるのではないか。

もちろん、この自分自身の心に聞くのだ。

自分に聞くふりをしながら、自分が想像した他人に聞いたりしないように。自分を見つめるふりをしながら、自分を眺めている他人を見つめないように。

そしてまた、他人が見ているであろうところの自分の姿を本当の自分だとわざと錯覚しないようにしながら。

（『哲学宗教日記』）

067

怒りは自分自身を傷つける

義憤という言葉があるように、「憤慨する」ことはなんとなく、ずっと耐えていた正義心がついに堪忍袋の緒を切ったというような意味合いで、いかにも正当であるかのような雰囲気をまとっている。

しかし実際には、どういう憤慨であろうとも、それは自分自身を攻撃して傷つける結果にしかならないものだ。

（『哲学宗教日記』）

068

怒りたくないなら自分を丸ごと変えるしかない

もう今までのように怒りたくないと真剣に思うのかい。そして本当に心の底からそうしたいのかい。

だったら、たんに怒りの気持ちを抑えつけるだけでは足りない。自分が丸ごと変わってしまわなければならない。

丸ごと自分が変わったときには、喜びすら、かつてとはまったくちがったものになる。以前は、喜びは怒りの反対に置かれているものだったが、これからはそうはならない。なぜならば、感受性もまた丸ごと変わるからだ。

（『哲学宗教日記』）

069

相手の立場にはなりきれない

「歯が痛い人の気持ちはよくわかる。自分がその人の立場になってみればよくわかるものだ」

そうは言うけれど、相手の立場になってみるとはどういうことだろう。自分が何から何までその人になってしまうということだろうか。そんなことは可能だろうか。

だから、相手の立場になってみるというのは、「この自分」をその人の立場に置いてみるということではないのか。つまり、その人になったわけではない。その人自身では決してなく、その人になったふりをした自分が過去の歯の痛みを思い出しているということだ。

(『哲学的考察』)

070

表情や態度が明瞭な人ほど理解を得られる

誰が見ても共通したいくつかのパターンに分けられるほどの単純な顔色。気持ちがストレートに表れているようなあからさまな態度。明確な肯定と否定。そういうはっきりとした表現をする人物は周囲の人々に安心感を与えるだろう。

人に不安と動揺を与えてしまう人は、表情やふるまいに微妙な陰影やニュアンスを含ませる人だ。そういう人は神秘的に映りもするだろうが、周囲の人々からの理解や同意をとても難しくしてしまう。

というのも、わたしたちは人の情緒を見て、そこから真意を汲み取ろうとするからだ。だから、人の眼に映るその情緒が明瞭な人ほど理解されやすくなる。

（『心理学の哲学2』）

071

他人の誤りを拡大するな

他人のほんの小さな傷やささいな誤りを望遠鏡で見て、かなり大きいと言ってはならない。

自分の誤りをさかさまにした望遠鏡で眺め、取るにたらないものと言ってはならない。

（『心理学の哲学1』）

072

愛は実験できない

愛はあたかも感覚であるかのように錯覚されるだろう。しかし愛は、感覚ではない。

なぜならば、痛みのような感覚はあとからつねってみたりして実験することができるからだ。

愛はそういう感覚とはちがって実験することができない。

（『断片』）

073

愛とは相手を操作することではない

もし、それが正しい愛情ならば、愛する人をいつも自分の手の内でもてあそぶようなことはしないのではないだろうか。

いくら熱く愛していようとも、相手は自分の玩具ではない。そしてまた、愛という理由だけで相手を支配することはできないはずだ。

愛する相手もまた、一人の人間だ。そうである以上、偶然や危険、不安、自己超克、苦悩や歓喜を、すなわち人生そのものを知るべきだろう。

それなのに、相手のためとして自分がすべてをしつらえて人生を操作しようとするのはあまりにも傲慢なことだろうし、愛することとはまったく別のことなのではないだろうか。

(『哲学宗教日記』)

074

愛こそが幸福そのもの

愛されると嬉しい。愛されないと淋しい。

愛されなくても、愛することができれば満たされる。

愛が欲しくて見つめる。少しでも愛が感じられれば、胸が温かくなる。愛するものがあれば夢中になれる。

そういう愛の代わりになるものはこの世に何もない。幸福と呼ばれるものの中には必ず愛が含まれている。

いや、愛こそが幸福そのものなのだ。

(『反哲学的断章』)

075

善悪は結果ではなく行為そのものの中にある

何かを行なって、その結果としてよかったとか悪かったとか評価されるのではない。それでは、テストの採点やビジネスの売り上げ結果のようなものではないか。

また、悪いことをしてはならないのは、結果として悪だと断定されたり、発覚したときに罰せられたりするからではない。

よいことも悪いこともみな、その行為のうちにすでに清々しさや罰が含まれているものなのだ。

（『論理哲学論考』）

076

苦しむのなら、善に加担して苦しみたい

どうしても苦しまなければならないというのならば、自分の中に住む善と悪の闘いにおいて善のほうに加担し、そこから生まれてくる苦しみに甘んじたい。

自分の中に住む悪とまた別の悪の醜い闘いで苦しむよりずっとましだと思うから。

（『哲学宗教日記』）

077

悪があるからこそ、善がある

善があるから、悪がある。善がなければ、そこに悪はない。

たとえば、私はそのつど悪いことをする人間になれる。ただしそのときは、善いことをする人間になれる余地がある限りにおいて、私は悪いことを選んでいるのだ。

善いこともできる可能性のない世界では、何が悪いことなのか判定のしようがなくなるからだ。暑さと寒さの関係のように。


（『哲学宗教日記』）

078

「本当に欲しいもの」は別にある

どのように欲しがっているのか。どんなふうに求めているのか。それをじっくりと観察してみればいい。

すると、何を欲しがっているのかわかってくる。

というのも、人は欲しがっているものを本当に欲しいのではなく、別のものを手に入れたいと渇望しているからだ。たとえば、大型犬を欲しがっている人が本当に望んでいるものは自分が支配する力だというふうに。

（『哲学的文法2』）

079

心配事は平然と引き受けよ

生きている限り、心配事はこまごまと生まれてくるものだ。自分は心配性ではないかととりたてて気に病むことはない。

心配事など誰にも多少はあるものだと割り切って、泰然と引き受けるほうが得策というものだ。

体調や感情だって刻々と変化するじゃないか。それと似たようなものだと思って平然としているほうがいい。

（『反哲学的断章』）

080

願望に虚栄心は混じっていないか？

自分の願望をよく見つめてみよ。ずっと願っていることの中身を凝視してみよ。

ほんのささやかな願望だと自分では思っていたとしても、あるいは人並みの願望だと思っていても、その中に自分の虚栄心や見栄が一滴も混じっていないか。

自分が願っていることを、じっくりと吟味してみよ。

（『反哲学的断章』）

081

虚栄心が混じると仕事は価値を失う

どんな仕事にも代えがたい価値がある。その一方で、仕事がその価値の輝きをすべて失う場合もある。

それは、仕事に虚栄心やエゴイズムが混じっていたときだ。

（『哲学宗教日記』）

082

人に負けたくないのは虚栄心が大きいからだ

自分は、あの人にはとうていかなわないと思う。どうやってもかなわないだろうと思うと悔しく、その感情が自分を傷つける。

しかし、そこまで心痛を覚えるのはなぜだろう。

自分と相手が同じ土俵にいると思っているからだ。その相手に負けていることが耐えられないと自尊心がつぶやいているからだ。

それらこそ、この自分が異様に大きな虚栄心を持っている証拠ではないか。

(『哲学宗教日記』)

083

慢心は失敗を招く

たまさか成功したとしても安心しないように。思惑通りにうまくいったからといって慢心しないように。

そんなふうに安住するのは、雪の中を歩いている途中で腰を下ろしてたっぷりと休憩することと同じだ。やがて気持ちよさがつのって眠くなり、そのまま凍死してしまうだろう。

（『反哲学的断章』）

084

他人をうらやむな

他人をうらやむな。他人が手にしたものを欲しがるな。

もし、その同じものが自分の手に入ったとしても他人のように幸運に恵まれるとはまったく限らない。

きみの手に握られたとたん、それが大きな災厄をもたらすかもしれないからだ。


（『哲学宗教日記』）

085

罪はさまざまに自分を痛めつける

もし、過去のなんらかのことについて悔いているなら、やはり罪を犯したのだ。しかも、きみは臆病なために、その罪についてあからさまに告白できないでいる。

さらに、自分のその臆病さ、自分自身の弱さをもきみは嫌って非難しているのだ。罪から生まれるそのさまざまな色の痛みよ。

（『哲学宗教日記』）

086

独創性とは、新しい土地あるいは新しい種子

独創性は、二つのものにたとえられる。

たとえば、土地だ。誰も知らなかった新しい土地を発見するのが一つの独創になる。

もう一つは種だ。多くの人の足が踏んできた古い土地であっても、そこに新しい種子を蒔けば、今まで見たこともない花が咲き、誰も知らなかった実を結ぶ。

（『反哲学的断章』）

087

本能は理性にまさる

実際に人を動かしているものは、なんといってもまず本能である。理性的判断が働き、それが人の行動を左右していくこともあるが、その力の強さはどうしても本能の次になってしまう。

（『心理学の哲学2』）

088

誰もが人生の悩みを抱えている

賢い人も愚かな人も、誰もが悩んでいる。多くの人は悩みなどないような顔をしたり、にたにたと笑っていたりするけれど、それぞれに悩みがあるものなのだ。

自分が悩むときとちがう顔をしているように見えたとしても、誰もが人生の悩みを抱えている。ただ、その表情がそれぞれ異なるだけにすぎない。

（『反哲学的断章』）

089

自尊心は体に支えられている

人を支えている尊厳。たとえば、自尊心や威厳といったもの。それらはたんに崇高に見える概念ではない。

それどころか、自分の体が満ち足りていて正常な場合にのみ、そのような概念を人は持ちえるのだ。

疑うのならば、そういった概念を持っている人を縛りつけ、その指、両足、鼻、耳などを削ぎ落としてみればいい。いったい、彼の自尊心や威厳はいつまで前のように保たれているだろうか。

(『哲学宗教日記』)

090

功名心がきちんと考えることを妨害する

他の人よりもまさって目立ちたいという気持ち。有名になりたいという欲。すぐれた人物だと見られたい気持ち。自分は特別に上等だと認められたい欲。要するにこういったさまざまな功名心があるだけで、物事をきちんと考えられなくなる。考え方がそれら功名心の欲に引きずられて醜く曲がってしまうからだ。

（『反哲学的断章』）

091

愛国心は「愛国」への愛着にすぎない

愛国心。これは、その国に住む誰もが当然ながら持つべき心性のように思われているものかもしれない。

しかし、その内実はどうだろうか。それは心性などではなく、「愛国」という一つのあやふやな概念に対しての強い愛着でしかないだろう。

（『哲学宗教日記』）

092

眼が何かを表しているのではなく、見る者が眼に意味づけしているのだ

眼は、自分の外にある光、形や色などを受け取る感覚器官だ。眼はみずから何かを放射したりする器官ではない。

なのにわたしたちは、こんなふうに言う。「視線を投げつける」「眼でおびやかす」「眼を飛ばす」「眼の光」「眼を配る」「眼を輝かせる」

まるで、眼から何かが放たれているかのようだ。

しかし、その人の眼だけを残して布を顔にかぶせてしまえば、その人がどのような感情をこめた眼にしていようが、わたしたちにはただそこにふつうの眼球しか見えないだろう。

つまり、わたしたちはその場での状況や情緒を解釈し、その解釈を前提に当事者の眼に意識や気持ちがこめられているかのように見ているのだ。

（『断片』）

093

意識は他人に丸見えになっている

自分の意識や気持ちが今どういう状態なのか、誰もが知っている。

そしてなぜか、自分の意識や気持ちは他人にはさとられていないと思いこんでいる。つまり、自分だけの秘密、自分独りだけの砦なのだと。

しかし、その意識と気持ちは顔にはっきりと出ている。態度やしぐさにもあからさまに表れている。つまり、内と外は同じなのだ。

（『断片』）

094

気分と感覚はまったくの別物

気分と感覚を、わたしたちは往々にして混同する。けれども、この二つは異なる。

怒り、喜び、憂鬱、落ち着き、恐れ、憎しみ、等々は気分だ。これらは涙とか緊張という体の反応を呼び起こすことがあるものの、感覚そのものではない。

感覚は、その感覚が発生している体の場所や範囲をちゃんと指でたどって示すことができる。たとえば、痛みや痺れや濡れている場所を。また、その場所は広がっていくことがある。

気分は、それが起きている体の場所をはっきりと示すことができない。また、気分はその原因が自分の外にはない。二人が同じものを見ても、二人とも同じ気分になるとは限らない。

（『断片』）

095

気分は考え方次第で変えられる

何を考えるかということと、どういう気分が生まれてくるかということは強くつながっている。

あるいは、何を考えるかで気分のありかたが大きく左右される。

恐ろしさ、悲しさ、楽しさ、おびえ、等々は何をどう考えるかということから生まれる。自分が見たり感じたりするものの姿がいびつだから恐ろしいと思うのではない。その相手から何か悪さをされるのではないだろうかと考えることで恐怖感が生まれる。

何も考えなければ、気分は生まれない。何に遭遇しても、ただ平然としていられる。

したがって、考えによって取りのぞくことができない痛みを消すことは難しいが、いやな気分を取りのぞくことは自分の考え方一つでできる。

（『断片』）

096

「信念」「希望」「期待」という言葉を使う人は逆境にある

信念。希望。期待。これらは異なった言葉だけれど、どこか似ている。

それは、この三つの言葉の一つでも使う人は、そのとき心が何か壁のようなものに囲われた状況にあることをさらけ出しているからだ。

そして、遠い一点から少しだけ漏れてくるわずかな光にずっと眼差しを向け、いつかそこを通じて外側の世界に行きたいと願っている。

（『哲学探究』）

097

動機や理由は後づけの説明にすぎない

ある事柄について、誰かにその理由や動機を訊いたとしよう。そして、相手は理由や動機を答える。

しかし、相手が答えた動機や理由によって相手がそういう理由から行なったのだと単純に受け取ってはならない。

理由や動機というものは、誰かがそれについて質問してきたときに述べるものなのだ。つまり、一つの整理された釈明文、もしくは事後の正当化のための理路整然とした言い訳にすぎないものだ。

(『美学、心理学および宗教的信念についての講義と会話』)

098

内心は本当に重要なのか？

「内心を打ち明けてほしい」
「心底どう思っているのか」
「腹の中で何を考えているのかわからない」
「胸の奥にある本当の気持ちはどうなのか」

わたしたちは、ふだんこんな言い方をする。いかにも、人の心には地層のようなものがあって、そのもっとも奥底にこそ、本当の気持ち、本心が隠されているかのような表現ではないだろうか。

あるいは、人は日常生活では社会的な演技によって自分の考えとは裏腹にふるまうのがふつうだから、こんな言い方をするようになったのだろうか。

それにしても、内心や胸の奥の気持ちといったものがそれほど重要なのだろうか。その人の表情や態度に表れているものよりも本当に重要だと考えていいのだろうか。

（『心理学の哲学2』）

IV
人生について

099

勇気なくして生きていくことはできない

この人生を渡っていくにあたって、どうしても必要なことがある。それは、自分の怖じ気心をなんとかして踏みつけ越えていくことだ。

ほんの少し怖じ気づくだけで、なんと多くのことが満足にできなくなるだろうか。だから、とにかく怖じ気心を克服し、そのうえで勇気を身につけなさい。

勇気なくして生きていくことはできない。いくら器用であっても、勇気がなければだめだ。勇気こそがチャンスを広げ、危機を救い、自信と能力を与えるからだ。

他人に勇気がないことを見破って嗤ったところで、自分の勇気が大きくなるわけではない。人の評価などするな。まず、勇気を自分自身の身につけて世に漕ぎ出していきなさい。

（『反哲学的断章』）

この人生を勇猛果敢に闘え

私は心から思う。真に生きようとするならば、この生を勇猛果敢に闘って生ききらなければならない。

この勇敢さの他はすべてためらいや腰抜けであり、臆病なことだ。日和見や手抜かりや臆病は怠惰である。そんな怠惰な生き方は、結局はこの自分をみじめこのうえない者にするではないか。

ちまちまとした楽しみやたまさかの僥倖にしがみついていてはならない。そんなみじめな生き方をしてはならない。真に、堂々と生きよ。

死を恐れずに突進していく兵士のように、渾身の力であますところなく闘いぬかなければならない。

（『哲学宗教日記』）

101

自分をだますのは難しい

できるならば、真っ直ぐに正直に生きたほうがいい。自分をだますのはとても難しいことだから。もし自分をだませたとしても、その間ずっと不本意で不快な気分を味わうことになるだろう。

（『反哲学的断章』）

102

きみの生き方が世界そのものだ

きみがこれからも今までのように生きていくならば、世界もまた今までのようでしかないだろう。

けれども、きみが今後の生き方をなんとか変えていくならば、それにつれて世界もまた別の新しい顔を見せてくれるだろうし、世界はさらに広がっていくだろう。

きみと世界は別箇に存在するわけではない。また、すでにある固まった世界の片隅にきみが置かれているわけでもない。

きみ自身がきみの世界だ。そして、きみはきみの世界で生きている。だから、きみの生き方できみの世界はいくらでもよくなっていくのだ。

実は、きみ自身が一つの小宇宙なのだ。

（『論理哲学論考』）

103

きみの人生に制限はない

今ここに生きていることを息苦しいと思っているのだろうか。生きることをつらいと感じているのだろうか。

それは、ずっと狭い一点ばかりを見つめ続けてきて、そこにある小さなものが自分の人生だと決めつけているからだ。

眼を上げよ。体を起こし、頭を上げ、首を回してみよ。さまざまなものが見えるじゃないか。近くも遠くも見えるじゃないか。

仰向け。振り返れ。空も地も、木々も星も見える。きみにはありとあらゆるものが見える。何も隠されていない。目隠しもない。すべてを眼に入れることができる。

きみの人生も同じだ。ただの一点も制限されてはいない。きみが望むあらゆることができるようにいっさいの可能性がそこに広く開かれているじゃないか。

（『論理哲学論考』）

104

今できることをさっさとやれ

すぐに腰を上げて、今できることをさっさとかたづけよう。それをしないうちは他のこともいつまでたっても始まらない。

億劫で気が進まないだろうが、とにかく今できることから行動しないと、あとのこともできるはずがないじゃないか。

山に行って大きな石を動かすよりも、足元のモルタルを剝がす作業のほうがずっと簡単だ。その理屈がわかっているのなら、まず眼の前にあるモルタルを剝がせ。

(『反哲学的断章』)

105

情熱だけが生活を変えることができる

知恵や知識は、人の生活をきちんとさせることができない。

なぜならば、でき上がった知恵とか知識は冷たいものだからだ。

人の生活を変える力を持つものはそういう冷たいものではなく、ふつふつと湧き上がってくる情熱だ。


（『反哲学的断章』）

106

不快さもこの世界からのプレゼント

生きている限り、悪口を言われたり、非難されたり、軽蔑されたりすることはいくらでもあるものだ。

それは不快だろう。反撃したくもなるだろう。自分の正しさを主張したくなるだろう。誤解を解きたくなるだろう。言い訳もしたくなるだろう。

しかし、それもまたこの世界に生きていることから来るプレゼントではないだろうか。そういった不快さをも自分のものとして受けとめていくのが、人がここに生きるということではないだろうか。

（『フレーザー「金枝篇」について』）

107

そんな小さなことに振り回されて人生の大部分を使ってしまっていいのか？

何についてくよくよしているのか。どんなことにいつまでも心をささくれだてているのか。その不快感や悩みの原因はいったい何なのか。

自分が思い悩んでいること、ずっと考えていることを、じっくりと見定めてみたほうがいい。その大きさをはっきりと測ってみたほうがいい。するとよくわかるだろう。いかにちっぽけなことかと。いかにささいなことかと。

そんな小さなことにばかり振り回されて、本当にきみの人生の大部分を使ってしまっていいのかい。

（『反哲学的断章』）

108

みんなに合わせなくていい

みんなが歩き続けているからといって、自分も歩調を合わせなくてもいいさ。みんなが向こうを見ているからといって、自分もそっちへ眼を向けなくてもいい。

立ちどまってもいいのさ。立ちどまって、しゃがんで、自分の足元にある虫や花を見つめたってかまわない。

みんなに遅れたっていいじゃないか。そうして、とってもたいせつな発見をすることだってあるのだから。そのときに、みんなは足を止めて振り返るだろう。

（『反哲学的断章』）

109

小さなことにギスギスするな

ふだんのわたしたちは大雑把に処理したり、おおよそのところで理解したり、ミスや手ちがいを気にしなかったり、まあまあのところで了解したり、用事の一つを忘れていたり、お互いに欠点や罪があっても赦《ゆる》したり赦されたりしている。

そんなふうに何事も厳密にしているわけではないからこそ、人間的な緩さが互いの間にあるからこそ、今のわたしたちの生活はどうにか成り立っているのだ。だから、小さなことにギスギスするなよ。

（『確実性の問題』）

110

どのように生きるのかを考え続けよ

わたしたちが問われていることとは何か。人間の問題とは何か。それは、どのように生きるのか、ということだ。

人間の問題とは、このぬくもりの場所に安楽に座り続けることではない。とどまらずに立ち上がり、歩みを止めずに、いつかは必ず迎えなければならない死の時に刻々と向かいながらも今をどう生きていくのか、ということだ。

(『哲学宗教日記』)

111

尊敬されるのではなく愛されるように

少なからぬ人々は、他人からほめられようと思っている。人から感心されたいと思っている。

さらに卑しいことには、偉大な人物だとか、尊敬すべき人間だと見られたがっている。

それはちがうのではないか。人々から愛されるように生きるべきではないのだろうか。

（『反哲学的断章』）

112

迷ったら自然から学べ

どういうふうにしようかと迷ったとき、他人のやったことを真似してみたり、すでに昔からあるものを手本にしなければならないということはない。

そうではなく、自然のありかたから学ぶことができる。自然を観察し、そこから新しい教えや導きを受け取ることができる。

(『反哲学的断章』)

因果の法則などありえない

これをやったらこういう結果になる、という因果の法則なんてものは存在しない。

わたしたちが原因と呼んでいるものは、すべて勝手に決めた仮説だからだ。一つの原因が必ず特定の結果を生むことはない。

あることを行ない、それがどういう事態を生むかは前もって知ることなどできはしない。何でも起こりえる。また、何も起きないこともある。

だから、行動することに怖じ気づくな。心配するな。果敢に行なえ。行なわないで悔やむよりはずっとましだ。

（『ウィトゲンシュタインの講義Ｉ』）

114

仕事は人に割り振るより自分でやるほうが簡単だ

さまざまな仕事をそれぞれもっとも有効で適切な人物や場所にきちんと割り振る作業はとてつもなく難しく骨折れることではないか。

それよりも、自分で仕事に手をつけてしまうことのほうがずっとやさしく単純だ。

（『哲学宗教日記』）

115

損得で人生の決断をするな

もっとも起こりえそうな結果を見据えてから、自分の今の態度を決めようとするのだろうか。今後の損得を見越して、これからの態度を決めていいのだろうか。

それは卑しい姿勢ではないだろうか。そんな卑しさの上に自分の人生を築きあげていいのだろうか。

計算をして、予測を立て、自分の痛みをできるだけ避けていくのが人生だろうか。むしろ、痛みや苦しみを受け取るのがまっとうに生きるということではないのだろうか。

（『哲学宗教日記』）

116

生きることは想像よりもずっと真剣なことなのだ

わたしたちが頭で考えているよりも、人のふりを見て想像していることよりも、生きるということはきっとずっと真剣なものなのだ。

（『哲学宗教日記』）

117

人生を変えたいなら仕事でも環境でもなく態度を変えよ

自分の人生を変えようという人は多い。そこで彼らは仕事や住む場所をがらりと変えたり、人間関係を変えたりするのだ。

しかし、彼らはなぜか人生改善のための最重要事項に気づいていない。

自分の人生を変えてよくするためには、自分の態度を変えなければならないということに。それが人生改善のもっとも有効な方法だということに。

（『反哲学的断章』）

118

心地よい生き方は正しい生き方ではない

神の眼から見て正しいとみなされるような生き方は、たぶん今のような生き方ではないだろう。なぜなら、今の私は自分にとって心地よい生き方を送っているからだ。

そういう心地よい生き方というのは結局のところ、エゴと自尊心と多くの欲を満たすための生き方なのだろう。

たぶん神は、そういう生き方とはまったく異なる、自分の欲から離れたもっと真剣な生き方を望んでいるのだろうと思われる。

（『哲学宗教日記』）

119

問題を解決したいなら、生き方を変えよ

自分の人生にやっかいな問題があるのなら、それは次のことを語っている。すなわち、きみの今の生き方が本来の生き方に合っていない、ずれているということだ。そのずれている部分に、今の問題がにょきにょきと生えてきているのだ。

では、どうすればいいのか。とにかく、今の生き方から脱すること。今の生き方をすっかり変えてしまうのだ。

すると、きみの生き方が本来の生き方にぴったりと合うようになる。そのときには問題はもう気化してしまい、消え去っている。

（『反哲学的断章』）

120

自分は日々コロコロ変わっている

歴史の本を読むと、ある時代には人々が魔女の存在など信じなかったのに次の時代にはすっかり魔女を信じてしまうということが起きたのにわたしたちは驚いてしまう。人はこうもコロコロと考えや行ないを変えてしまえるものか、と。

けれども、日頃の自分のことをよく思い起こしてみれば、必ず思いあたるだろう。この自分自身にしても、今までしていたことが今日はできなかったり、あるいはしたくなかったり、これまで考えもしなかったことを今はためらいもなく行なっている場合が頻繁にあるのだから。

(『哲学宗教日記』)

121

よく死ねるように今を生きよ

私に言葉が来た。
「よく死ねるように今を生きよ」

（『哲学宗教日記』）

後悔が死を恐ろしいものにする

死の直前のときに、「自分は望んだものを充分になしとげてきた」と考えることができたならば、その人はとても幸せだろう。

しかし、「もっときちんとあのことをやっておくのだった、ちゃんと生きるべきだった。けれど、もうあまりにも遅すぎる。何をするにしても手遅れだ」と考えるならば、死は恐ろしい瞬間になるだろう。

(『哲学宗教日記』)

多くの人が選ぶ道は安易な道だ

多くの人は近道を行こうとする。

険しい坂のない、平坦な道を行こうとする。

できるならば、見通しのいい道を選ぼうとする。邪魔なもののない、安易な道を行こうとする。足を痛めずに、汗もかかずに行こうとする。


（『哲学宗教日記』）

他人の好意なしには生きていけない

孤独に生活することはできるだろう。しかし、他人のわずかな好意もなしで生き続けることはたいへん難しいだろう。

（『哲学宗教日記』）

125

人生については正確に問うことも答えることもできない

疑いが生まれるならば、そこからは問いが生まれる。問いが生まれれば、そこからは答えが生まれる。

しかし、これら疑い・問い・答えが生まれる場所は、いつも言葉と論理がある場所に限られる。言葉と論理がない場所から生まれるものには、疑い・問い・答えが生まれることがない。

つまり、人生について、魂について、あの世について、神について、わたしたちは正確に問うことも、正確に答えることもできない。

それらはただ、経験されるのみ。そして、説明することができない。したがって置かれるのは、ただ沈黙のみ。

（『論理哲学論考』）

126

人生の問題は思わぬ形で解かれる

数学の問題は、書いて解くことができる。それが解けたということを、誰もが確認できる。

人生上のもろもろの問題は、そういう形では、誰もがわかるように目に見える仕方で解かれることはない。

しかし、そのつどまったく別の形で、思わぬ仕方で、不意に、あるいはそっと、これまで考えもしなかった意味でのみ解かれるのだ。

(『反哲学的断章』)

127

人生の問題は最高の科学者でも解けない

最高の頭脳を持った数学者と物理学者を呼んできさえすれば、今ここにある人生の問題がたちどころに解けるだろうか。

それは無理だ。なぜならば、数学者や物理学者が解ける問題はまったく純粋で冷たい問題だけだからである。

ところが、人生の問題は必ず時間を含んでいる。つまり、たくさんの変化がくり返され、いつも流動しているような温かい問題なのだ。

（『ウィトゲンシュタインの講義II』）

128

時間の少なさを嘆くな

考えなければいいじゃないか。考えるから気になって仕方なくなる。そのイライラがいやだというなら、考えてはならない。考えなければ、そこには何もなくなる。

時間だって同じことだ。時間が足りないと悲しむな。時間は増えたり減ったりはしない。それなのに時間を何かの量のように考える癖があるから、時間があるだのないだのと思ってしまうのだ。

たいせつなのは時間の多さとか少なさじゃない。何をするかだ。何が起きて、それにどう自分が向き合うかだ。

出来事なしの時間なんて意味がないものなのだから。

(『ウィトゲンシュタインの講義II』)

129

どんな苦しい生活にも、美しい光が灯っている

この日々の暮らし。この小さな生活。

昨日の一日。今日の一日。暮らしながら、わたしたちはほとんど気がつかないでいる。どんなささやかな暮らしにも、苦しみや悲しみが混じった生活にも、その片隅で美しい光が灯っていることに。

それが消えずに、わたしたちの暮らしを照らしていることに。

（『哲学宗教日記』）

130

人生は不条理ではない

人生は不条理に見える。

この人生はいつも曖昧であり、向こうが少しも見えず、だしぬけに何かが起こるし、まるで地図のない曲がりくねった暗い道のようだ。その道がどこまでなのかさえ明かされていない。

だからといって、人生はカオスではないし、不条理が人生の正体ではない。その不条理に見えるものは、人の眼にはすぐにはわからない神秘的な深みとからみあっているのだ。

そのことを粛然として察したとき、人生は神聖なものになる。

（『哲学宗教日記』）

人生は汽車ごっこと同じだ

汽車ごっこをしている子供たちの先頭には、蒸気機関車の真似をしている子供がいる。もちろん、その子自身は蒸気機関車ではないけれど、蒸気機関車だとみなされている。そういうふうに理解することで成り立つゲームだからだ。

世間の大人も子供たちとたいして変わりはしない。部長、リーダー、宗教家、先生、美女、詩人、作家、労働者、アーティスト……。

わたしたちはそれぞれがそれぞれをそれぞれに理解する、ほんの少しの間のゲームを続けている。

（『心理学の哲学1』）

132

人生というゲームのルールは参加しながら学ぶしかない

人は練習や慣れによって、この世に生きることを身に覚えさせる。どうやって生きるのかということを他人や書物からいくら丁寧に説明されても、それは少しも役立たない。ただ、試行錯誤の訓練と慣れで、生きる技術が身についていくだけだ。

子供が言葉を学ぶときも同じだ。大人は、言葉についてあれこれと説明したりしない。とにかく真似をさせることをくり返す。その訓練が多いほど、子供は言葉や表現をより自由に使えるようになる。

それは社会というゲームに何も知らないうちに参加しながら、ゲームのルールをそのつど体験によって覚えていくようなものだ。

（『哲学探究』）

可能性は本当に実行するまで現実にはならない

一つの可能性があるだけで、つまり、何か行うことが可能だというだけで、わたしたちはつい、それが現実に実行可能であるかのように思いこんでしまう。あたかも、現実的な実行の影のような重さをもって。

しかし、たとえいくらそのように感じられようとも、それはまだまったく現実の出来事ではないのだ。

（『断片』）

134

人生の問題は科学と言語の論理の外にある

科学がさらに高度に発達し、これまで解明されてこなかった科学の問いがすべて答えられたとしよう。

それでもなお、わたしたちが抱える人生の問題は何一つ解決されないだろうし、助けにもならないだろう。

なぜならば、人生の問題は最初から科学と言語の論理の外にあるものだからだ。つまり、人生の問題のほとんどは神秘のヴェールに覆われている。

その神秘に対する解法はありえない。ただ、それぞれ個人が自分の人生において体験するのみ。しかも、その体験を言葉で誰かに伝えることもできないまま死ぬのだ。

(『論理哲学論考』)

V——人間について

自分が正しいと思いこんでいる人は怠け者だ

自分の意見が絶対的に正しいと思いこんでいる人は、ある傾向の考え方だけをえんえんと頭の中にめぐらせていて、そのためにいつも同じか似たような結論を出してばかりいる。

こういう状態は、偏食する人と同じだ。習慣をくり返すばかりで、他の料理の味、別の見方、まったく別の考え方の道があることを知らない。こういう人は頑固で意志が強いように見えはするが、実は怠け者だったり、臆病かつ小心であることも少なくない。

（『哲学探究』）

136

行ないが人を表す

誰かの価値観や善悪の尺度を知りたかったら、その人に質問するよりもはるかに簡単で正確な方法がある。

それは、その人が何に対してしばしばほほえむかということだ。何に対してどういう素振りをするか。どんなものを好んで手に取ったり、何をもっぱら食べるか。どんなものをじっくりと見つめるか。何に気を引かれるか。

その人の行ない全体が、その人自身を表している。

（『美学、心理学および宗教的信念についての講義と会話』）

137

弱さとは苦しみを受けとろうとしないこと

人として弱いということは、生きていくうえで受けるべき苦しみを自分で受け取ろうとしないことだ。

(『哲学宗教日記』)

138

苦しみよりも安楽を求めるのが弱さだ

弱いということ。人として弱いということは、できるならば苦しみを遠ざけようとすることだ。

苦しみよりも少しでも安楽なほうを求めるということだ。

（『哲学宗教日記』）

139

人助けは自分が困らない程度にしかしないものだ

わたしたちは、さほど自分の努力や勇気が必要ではないと見こまれるとき、それほど煩《わずら》わしくはないだろうと思われるときに、誰か他人を助けようと思うものだ。

その人助けの間に、たとえば自分の世間体や評判がそこなわれそうだと少し感じられたりしたら、わたしたちはさっさと助けの手を引っこめてしまうのだ。

こんなわたしたちは保身のためにどれだけ臆病で、どれだけ悪いのだろう。

(『哲学宗教日記』)

140

人間は誰しも自分に甘く、都合のいい考え方をする

人間は誰しも、とても都合のいい考え方をする。特に自分のことに関しては、もっとも甘く寛容な考え方をしてしまう。

たとえば、自分がとてつもなく非情で残酷な考えを持っていたとしても、あるいはさまざまな悪いことを考えていたとしても、自分としてはそれを一瞬の幻、とか、ちょっと軽く想像してみたことにすぎないと簡単にかたづけてしまうものだ。

もし、他人が同じようなことを一瞬たりとでも考えたと知ったりすれば、「それこそがおまえの本心だ、おまえの恐ろしい正体だ」と言わんばかりにひどく責めたてるくせに。

（『反哲学的断章』）

ゲームには参加する人の精神が現れる

ゲームをすると、参加しているその人の性格や精神があからさまに現れてくる。

この場合のゲームとは遊びや競技のことばかりではない。仕事、人間関係、物理学実験室、芸術、などあらゆる場所で人がすることをゲームと見てのことだが。

（『哲学宗教日記』）

142

人は自分が何者かを知らない

他人に評価されると、人は喜ぶ。他人が肩書きや身分を尊重しながら接してくれると、人は喜ぶ。

自尊心がくすぐられるからだけではない。誰かから「あなたはこういう人だ」と見られることで、自分が何者であるか知らされるからでもある。

多くの人は自分が何を持っているかは知っているが、自分が何者であるかを知らない。どういうレベルの人間なのか知らないでいる。あるいは、何者でもない。だから、他人が自分をどう見ているかが気になるのだ。

しかし、他人の評価が正しいわけではない。自己評価もまた正しいとは限らない。もし、自分がいったい何であるか、人間としてどこまで達しているのか、自分の可能性がどこまであるのかをよく知っているのならば、その人は大きな人物であろう。

（『反哲学的断章』）

143

まっとうに生きるのは他の人のため

人としてまっとうに生きようとすること、まっとうに生きることはたいせつだ。

ただし、それが不安や臆病さから発していることがある。

また、一種の正義感からそうしようとする人もいる。

あるいはまた、他の人への気遣いや思いやりのために、まっとうに生きようとすることもある。そういう人が幸せなのではないだろうか。


(『哲学宗教日記』)

144

人は好きなものにしょっちゅう触れていたがる

その人が何を本当に好んでいるのか、どうやって知るのか。「ブラームスの曲が大好きなんだよ」という言葉か、「おお、なんてすてきなんだ。最高じゃないか」という感嘆の様子か、あるいは何かについてのその人の表情とか眼の輝きなのか、あるいはその人がくり返し話題にすることなのか。

その人が本当に好んでいるものは、その人が一人のときでもしょっちゅう触れたり見たり、接したりするものだ。

しばしば口にしている料理。読み続けている書物。古くなっても相変わらず着ている洋服。口ずさむことの多い曲。座ることの多いソファや部屋の場所。

（『美学、心理学および宗教的信念についての講義と会話』）

145

「ものわかりのいい人」が本当にわかっているかどうかはわからない

ものわかりのいい人は好かれるだろう。多くのことを理解してくれるように見えるからだ。理解してくれるというのは、賛成をしてくれることに近く、賛成してくれることは自分の味方になってくれているように思われるからだ。だから、ペットの犬は好かれる。

しかし、犬は理解によって何でもかんでも賛成してくれるのだろうか。理解しているから、投げたボールを一目散に追いかけて持ってきてくれるのだろうか。いや、その理解しているように見える姿は訓練やしつけから生まれたものだ。

それと同じように、社会的訓練や世渡りの手管によって何でもかんでも理解してくれる人がいるものだ。彼が実際に何事もきちんと理解しているとは限らない。

（『断片』）

多くの人の視線が注がれたものが価値を生む

人が視線を注いだものにこそ、価値というものが生まれる。たとえば、岩山の中にある石が貴重な宝石だとされるように。

人が眼をそむけたものからは価値は生まれない。

これほどに価値を創造する力を持つ人の眼。

（『反哲学的断章』）

147

人は一本の雑草さえ自分の力でつくることはできない

花をいくつか摘んできて、お気に入りの花瓶にちょうどよくきれいに飾ることができたとき、わたしたちはあたかもその花々を自分でつくりあげたかのような気分のよさを感じてしまうものだ。

もちろん、それは勝手な気分にすぎず、道ばたでひっそりと踏まれている小さな雑草の一本さえ、わたしたちはみずからの力でつくりあげることなどできないのだ。

(『反哲学的断章』)

148

絶望している人は自分の判断が正しいと信じこんでいるだけだ

絶望している人は、何が何でもリンゴが食べたいと言い張っているわがままな子供のようなものだ。

自分の口に入るのはどうしてもリンゴでなければならないと駄々をこねている子供と同じく、絶望している人は自分の判断が完全に正しいと思いこんでいるのだ。

彼が感じている絶望は一分の隙もなく正当なことだと頑固に信じきっている。そして絶望は岩よりも堅く固定され、時間さえ凍りついたままだ。

だから、その絶望を乗り越える考えをあらたに持つ余裕もない。だから、その袋小路の天井を破って絶望の狭い世界から飛び出していくことを思いつかない。

(『哲学宗教日記』)

149

休日はぼんやりと自分の仕事を遠くから眺めてみよう

仕事が休みの日はきちんと体を休ませよう。わずらわしいことをせず、心配もせず、心と体をのんびりとさせよう。

そして体の疲れが取れたら、自分がたずさわっている仕事のことをぼんやりと遠くから眺めるようにしてみよう。

ふだんは仕事の真っただ中にいて忙しさにまみれているのだから、どうしてもミクロな視点から自分の仕事を見ることしかできていない。

だから、マクロな視点から、あたかも他人の仕事を客観的に眺めるかのようにして、自分の仕事をあらためて眺めてみよう。そうすることによって、そこから発見できるもの、得られるものはたくさんあるのだから。

（『反哲学的断章』）

150

行動に理由はない

たとえば椅子から立ち上がるとき、わたしたちは自分の脚がまだここにあるのかどうかを確かめたりしない。そして、いきなり立ち上がろうとする。これがまさしく「行動」というものだ。

わたしたちが行動を起こすときはいつもそんなふうに、自分の状況や条件についてあらためて慎重に確かめたりはしないのだ。

(『確実性の問題』)

解釈のちがいは人生経験から生まれる

人生で出会うほぼ同じ事柄、同じ経験について、わたしたちはみんな別々の印象を持ち、別々の反応をするものだ。

それは受け取り方のちがいなのだが、この受け取り方のちがいとはいったい何のことだろう。それは解釈のちがいのことだ。

では、解釈のちがいはどこから来るか。自分の過去の経験と、そのときの自分の反応から、人それぞれの解釈が形づくられてくる。

したがって、今ここで起きていることに対しての態度は、まさにその人がこれまでにどう生きてきたかということをあからさまに語っているということになるのだ。

（『心理学の哲学１』）

152

眼ではなく感覚で見ている

見えているからといって、それが事実だとは限らない。誰も眼で何かを見るわけではない。ただ、感覚で見ている。ほら、眠っているときの夢でも何かをはっきりと見るじゃないか。眼で見ているわけではない。

(『ウィトゲンシュタインの講義I』)

153

才能とは泉のようなもの

才能とは、新鮮な水が滾々《こんこん》と湧き出す泉のようなものだ。ただ、その清新な水があたりに飛び散ってしまうのならば、どれだけ豊富な泉であっても誰の役にも立たなくなるけれど。

（『反哲学的断章』）

154

才能が人にわかるようでは
まだ薄っぺらだ

天才というのは、才能の最上級レベルのことではない。天才とは、才能といったことをすっかり忘れさせてしまうほど圧倒的な力のことだ。

才能が人目につくようならば、それはまだまだ薄っぺらなものだ。

（『反哲学的断章』）

155

天才は光を一点に集中させる

天才は光を持っている人だ。

ふつうの人々もまた光を持っている。その光の量と質は、天才もふつうの人もまったく同じだ。

しかし天才のほうは、その光をレンズで一点に集中させ、まばゆい光線にすることができるのだ。


（『反哲学的断章』）

156

時代の先行者は
やがて時代に追い越される

時代の先を走っていることだけを売りにしている人は、いつのまにか時代に追いつかれ、やがては時代に追い越されてしまう。

（『反哲学的断章』）

157

他人と自分を分ける心から憎しみが生まれる

自分とあいつはまったくちがう人間だ。あいつはそういう人間であり、自分は決してそのたぐいの人間ではない。

自分は特別な人間だ。自分の尊厳や格は彼らよりも数段上等に決まっている。自分の役職も仕事も彼らのとはちがってことさらに重要だ。

他の人と自分を隔てようとするこういう気持ちが憎しみを生む。

憎しみや争いがない場所があるとするならば、そこにいる人々はみな子供のようだろう。

つまり、心がいつも開けっぴろげで、無邪気で、自意識がなく、自分が悪い子だといつでも素直に認めることができ、何のひけらかしもなく、屈折のない素朴な愛情を持っているような人々だ。

（『反哲学的断章』）

158

敵方の旗を燃やしても気休めにしかならない

恨みがあると、その相手の名前を紙に書いて切り刻んだりする。いとしく思う相手の写真にキスをする。敵方の旗を燃やしたり、大地にうやうやしく接吻する。

こういうことをする人たちは本心から、相手だの、あるいは何か対象を象徴するものに対してそんな行為をすれば、なんらかの形で相手に影響を与えることができるという信仰を持っているのだろうか。

いや、そんなことを信じているわけではない。ただ、そういう迷信じみたふるまいによって、その場は気が休まったり、ほんのいっときの満足感の香りを嗅げるだけなのだ。

（『フレーザー「金枝篇」について』）

VI——世界について

159

世界とは、人やものが
さまざまに関わっている事実のこと

さまざまなものが集まっているのがこの世界ではない。
世界とは、人やものがさまざまに関わっているもろもろの事実のことである。

（『論理哲学論考』）

160

自然は自然法則を知らない

世界や自然を、何かオートマチックに動く精密なものだと考えるのはまちがいだ。自然現象が自然法則によって動いていると考えるのもまちがいだ。

自然法則とは自然が備えている法則なのではなく、自然と接した経験から人がどうにか導き出した単純な法則のいくつかにすぎない。

そこにあるのは人間の論理だけだ。自然自体は、その法則とは関係がない。

だから、たとえば明日もまた太陽が昇るかどうかということは、自然法則に沿うからではなく、初めからまったく保証されていないことなのだ。


（『論理哲学論考』）

因果の法則は人間がひねり出したものにすぎない

世間の人々がしばしば話題にし、その存在が当然であるかのように信じられている「因果応報」の法則というものは存在しない。

ただいつも、自然の法則が貫かれるだけだ。

あるいはまた、一般的に因果というならば、それは物理法則や力学の法則のことだ。そこで貫かれているのは非情な論理だけだ。

あるいはこうも言い換えられる。事実の起こり方が、人が考えてひねり出した物理的因果の法則にあてはまっているだけだ。

（『論理哲学論考』）

162

科学信仰は世界を退屈にする

科学というものが自然や人間を解明しているのだと本気で信じこんでいる人は、やがて退屈になって眠気に襲われるだろう。

自然の成り立ちや仕組みがすべて科学によって説明されていると闇雲に信じ、自分にはその理屈がよくはわからないながらもきっとそういうものだと信じきってしまった以上、自分で考えることも感じることもなくなり、何事にもあきあきしてくるからだ。

そういう人はもはや自然の現象に驚かなくなる。神秘に感動することがなくなる。そのあげく、恐さも畏れも失ってしまう。

やがては人間に対しても興味を失い、生きることがとても億劫になってしまうだろう。

（『反哲学的断章』）

163

娯楽から学ぶこともできる

何か教えてもらいたいと思うときは、どうして必ず教師に訊いたり、学者の書いた本を読んだりしなければならないのだろうか。

楽しみたいときは、どうして音楽を聴いたり、詩や物語を読んだりするのがあたりまえなのか。そういう音楽や文学といったたぐいのものは、ただひとときの娯楽のためだけにあるのだろうか。

音楽や文芸や芸術からは教わることもできるのに。

（『反哲学的断章』）

164

ほんの小さなウソでも、決して真実ではない

ちょっとウソをつく。

この場は小さなウソをついて相手や自分を納得させてしまう。相手の気持ちを汲んでのウソ。事を簡単におさめるためのささいなウソ。

本当のことを、事実を、あからさまに言うより、少しばかりウソを混ぜておいたほうが楽だ。真実を言うほうが苦い。

しかし、その苦さは、砂糖入りの甘いコーヒーではなくストレートのコーヒーを飲む程度の苦さではないか。その差はほんの少しだ。しかし、ウソは決して真実ではない。

(『反哲学的断章』)

165

ありふれたものに神秘を見出せ

多くの人は神秘的な印象を与えてくるものが好きだ。そして、周りに溢れていて見知った事柄を神秘的だと思うことすらない。

だから、昨晩に見た夢について語り、感性について語り、美だの愛だの思想だのについておしゃべりをする。しかし、自分の部屋の机や鉛筆については少しも語らない。

どうしてだろう。ふだんから使っている机や鉛筆や枕や靴だって、夢だの愛だの感性だのと同じくらい神秘的ではないだろうか。そんなありふれたものもまた神秘的だということもわからないのだろうか。

（『心理学の哲学1』）

166

人生と世界の本当の謎は日常の中にひそんでいる

マンネリになったこの日常にあきあきしたわたしたちは、どこか遠くへ行けば何か特別な新しい体験ができると思いがちだ。何かもっと自分の人生にとって意味深い体験がどこかにあるはずだと夢想する。

しかし、他人が日常として暮らしている別の場所に行く必要などない。本当の謎はこの日常の中にたくさん埋もれているからだ。

決まった手順で安易にやりすごしている毎日の生活の中にこそ、人生と世界の深みはひそんでいる。そのことに気づいたとき、日々はがらりと変わり、何もかも新しくなる。

（『心理学の哲学１』）

167

偶然などというものは存在しない

人には偶然に起こったように見えることすら、あらかじめ充分に起こりえる可能性を含んでいたのだ。

つまり、わたしたちにとってそれが偶然に見えているだけにすぎない。

あるいは、自分の思慮不足から予測できなかっただけのことなのに、ありえないことが起きたかのように驚きつつ、それをあまりにも偶然なことだと名づけているだけである。

だから、いつでもあらゆることが起こりえる。何が起きても不思議ではない。そして、あらゆることを自分が起こしえる。

(『論理哲学論考』)

可能性は現実ではない

わたしたちは「可能性」が好きなのかもしれない。

そこになんらかの可能性があるというたったそれだけのことで、何か現実の一歩手前まで来ているような感じを覚えてしまうのだ。あたかも、あとちょっと踏み出すだけですぐに現実になってしまうかのような。

しかし、可能性がいかに現実にすごく似たぼやけた像であるにしても、それはまだちっとも現実ではないのだけれど……。


（『哲学的文法2』）

169

時間は流れるものではない

「時間がたつ」
「時が過ぎ去る」
「時間の流れ」
「時間の浪費」

わたしたちはこのような言い方をし、このように信じている。

しかし、時間があたかも流れていくように感じてしまうのは、何か他の過程、たとえば時計の針の動きという過程が添えられるときだけだ。

そういう別のものが添えられない限り、時間はそういうふうに流れていくことはない。

（『論理哲学論考』）

人それぞれの背景によって体験は全然ちがうものになる

リゾート地のカフェの軒下で二人の男がチェスをしていて、その一人が駒を動かし、「チェックメイト」と宣言する。このとき、勝った人の体験と、負けた人の体験はもちろん異なっている。

さらに、チェスのルールをよく知っていてたまたまそのときに飲み物を運んできた年配のウェイターがそれをちらりと見やったときの体験は別のものだ。チェスのルールなどちっとも知らない若いウェイトレスがその二人のゲームを眺めたときの体験も前者三人とはまるきり異なる。

さらにまた、チェスなどまったく見たことがない外国からの観光客がそのゲームを目撃したときの体験もまったく別のものだ。

つまり、「同じ体験」と安易に一口で言うものの、人それぞれの知識や理解や経験といった背景によって、わたしたちの体験は全然ちがったものになるのだ。

（『哲学的文法1』）

171

力ずくでは植物の芽は出ない

太陽の熱ときれいな水、そして光が充分に与えられたときに芽が出てくるものだ。早く成長させようと力ずくで引っ張っても、芽は出てこないどころか死んでしまう。

その扱い方は、他の事柄についても同じだ。

（『反哲学的断章』）

172

美しい薔薇は汚物の中から芽吹く

丹念に手入れされた美しい薔薇の庭園をよく観察してみるがいい。下にはさまざまな堆肥、腐った藁や汚物がある。また、虫が這いずり回っている。そんな場所から、美しく咲く薔薇が芽吹くのだ。

文章もそんな薔薇園と似ている。今書いている不器用な文章がすぐれた文章の芽吹きかもしれないのだ。

（『反哲学的断章』）

173

センスだけでは芸術は生み出せない

高いセンスだけでは芸術は生まれてこない。

センスのある人たちは、すでにあるものを磨いたり、配置を換えたり、工夫したり、洗練させたりして、いっそう美しく仕上げる。

それらはまるで芸術作品のようだ。人々をうっとりとさせる。しかし、芸術作品そのものではない。

芸術はまるまる新しく生み出されたものだ。芸術家その人自身が表れているものだ。だから、芸術作品は人々をうっとりさせず、感動させる。

（『反哲学的断章』）

174

聖書の真偽は科学的真偽とは関係ない

聖書に書かれていることが本当にあったかどうかを検証しようとする人がいる。そこに書かれていることが歴史的事実であったと認められれば聖書は正確な歴史文書の一つだが、事実だと認められないのならば聖書は虚構であり、神の存在はかなり疑わしい、というわけだ。

しかし、そのやり方は、木の絵を見てその木が本物の木を忠実に写したものかどうか検証するのと同じだ。また、「私は愛された」と言う人に向かって、その愛の証拠となる物品などを見せてほしいと要求するのと同じ態度だ。

歴史的真偽の科学的証明によって聖書の記載の真偽が決定されるわけではない。聖書は、愛のある人が読んだときにのみ、愛の次元においてのみ理解されるのだから。

そして、その理解は数値にも言葉にもできないものなのだ。

(『反哲学的断章』)

VII

自己について

175

自分をありのままに見る勇気が必要だ

何事をなすにも勇気が必要だ。自分自身について考えるときも同じだ。自分について考えるとき、ややもすれば自分を甘い眼で見てしまう。自分を特別扱いしてしまう。

自分を、他の人々とはちがう罪のない別格の存在だと思ってしまう。今のままで何事も可能にしてしまう人間であるかのように見てしまうものだ。

そんな夢見心地の空想にだまされず、またことさら自分に厳しくなるのではなく、自分についての事実をそのまま真っ直ぐに恐れずに見ることができる勇気が必要だ。

（『哲学宗教日記』）

176

自分を新しくすれば取り巻く世界も変わる

革新だの刷新だのと大声で言っても、結局は同じ作業をするための道具や場所を替えてみるだけではないのか。

いつもの道順とちがう道でいつもの場所に行くことではないのか。包装紙の柄を別のものにして、新しくなったと呼ぼうと取り決めることではないのか。

そうではなく、本当に革新すべきは自分自身ではないのか。自分がすっかり新しくなれば、自分を取り巻く世界も変わるのだから。

（『反哲学的断章』）

177

世界を変えたいなら自分を変えよ

この世界があまりにもひどいから変えたいというのか。

この世界を、もっとやさしさに溢れた世界に、もっと新鮮でみずみずしく、そしてもっと美しくしたいというのか。

そのために戦争や革命や流血が必要なのだろうか。

いや、そうではない。世界を変えたいのなら、自分自身が変わらなければならない。すると同時に、世界は変わった自分と同じように変貌する。

そして、きみ自身が幸福に生きるならば、世界はもっとも大きくなって輝くだろう。


（『論理哲学論考』）

178

他人に影響された自分は元に戻す必要がある

誰かから好意のある声をかけられたり、笑顔を向けられたりすれば、それはしばらく心の中にとどまって温かい。

不快なこともしばらくは心にとどまって気持ちをくじいたり、不快な色に染めたりするものだ。

他人からのそういう影響を受けながらも自分を自分らしく保っているのはそれほど簡単なことではない。だから、自分が揺れていると感じたら、早々と自分の部屋に戻って長い孤独にひたるのが効果的だ。

それまで人に振り回されて、あっちへ傾いたりこっちへ傾いていたりした自分をバランスよく真っ直ぐに立たせて、元の自分に戻すことができるからだ。

（『哲学宗教日記』）

自分を商品にするな

きみは自分を価値ある者と思っている。そして、そのことを他人に認めさせたくて、自分のことを世間に高く売ってやろうともくろんでいる。

するときみはまるで商品のようではないだろうか。商品のきみは、他の品物といっしょに店の棚に並べられる。埃をかぶっていたら、開店前に店員がぶっきらぼうに埃をはらってくれる。

そして、客がやってきて、商品のきみを見つめる。あれこれ他の品物と比べる。べたべたした手でさわられる。そして、手に取って買いそうな素振りをする。

それから不意に、いかにもこんなものなんて欲しくないといった表情を浮かべると、手荒に棚の上に戻してしまいだ。

（『哲学宗教日記』）

180

空想は決して実現しない

ぽおっと夢見るような空想はさぞ楽しいことだろう。もう少ししたったらあれをやってこれをやってとどんどんと空想を広げていくのは快感だろう。その日がまもなく訪れそうな気分にもなるだろう。

けれどもそれは、思い描いた美しい雲のつらなりを未来という空に建ててやろうとするようなものだ。決してその通りに実現することはない。

望むことを現実のものにしたいのならば、まずは強固な土台を自分の手でしっかりと据えなければならない。

（『反哲学的断章』）

181

自分を引き受けるしかない

どうしても自分の文章がたどたどしかったり、なめらかでないにしても、それがこの自分の書く文章なんだとあっさり引き受けてしまうべきじゃないだろうか。

どう考えてもさほど美しくはないとしか判断できない自分の容姿を自分だとして引き受けるように。

（『反哲学的断章』）

自分が思う自分の性格は他人が見ている自分の性格とはちがう

自分の性格を、自分の外側から客観的に、つまり他人の性格をあれこれと観察するように、眺めることはできるだろうか。

おそらく、無理だろう。だから、自分が知っていると思う自分の性格は、他人や知人が見ている自分の性格ではないのだ。

（『反哲学的断章』）

183

相手を理解したいなら相手の中に自分自身を見つけよ

わたしたちはどのようにして他人を理解し、ときには同情を寄せたり、あるいは喧嘩することができるのだろうか。相手と言葉が通じるから？

そうではない。言葉が通じるだけでは相手を理解できない。

わたしたちが理解し合えるのは、相手の中に自分自身を見つけることができるからだ。相手の文化や価値観がまったく異なる場合、あるいは相手の反応が自分とはまったく似通っていない場合、言葉がわかっても相手を理解できなくなる。

相手の中に自分自身とそっくりなものをたくさん見つけることができるから、相手の気持ちや考えを理解できているのだ。


（『哲学探究』）

参考文献

- 『ウィトゲンシュタイン全集』(全10巻)
  大修館書店
- 『論理哲学論考』ルートヴィヒ・ヴィトゲンシュタイン
  木村洋平訳　社会評論社
- 『原因と結果:哲学』ルートヴィッヒ・ウィトゲンシュタイン
  羽地亮訳　晃洋書房
- 『反哲学的断章　文化と価値』ルートヴィヒ・ヴィトゲンシュタイン
  丘沢静也訳　青土社
- 『ウィトゲンシュタイン哲学宗教日記』
  イルゼ・ゾマヴィラ編　鬼界彰夫訳　講談社
- 『ウィトゲンシュタインの講義Ⅰ　ケンブリッジ1930-1932年』
  デズモンド・リー編　山田友幸・千葉恵訳　勁草書房
- 『ウィトゲンシュタインの講義Ⅱ　ケンブリッジ1932-1935年』
  アリス・アンブローズ編　野矢茂樹訳　勁草書房
- Ludwig Wittgenstein
  Tractatus logico-philosophicus
  Tagebücher 1914-1916
  Philosophische Untersuchungen Suhrkamp
- Ludwig Wittgenstein
  Bemerkungen über die Farben
  Über Gewißheit
  Zettel Vermischte Bemerkungen Suhrkamp
- Ludwig Wittgenstein
  Das Blaue Buch
  Eine Philosophische Betrachtung (Das Braune Buch) Suhrkamp

ヴィトゲンシュタイン　世界が変わる言葉

発行日　2018年5月25日　第1刷

Author　ルートヴィヒ・ヴィトゲンシュタイン
Translator　白取春彦

Book Designer　廣田敬一（ニュートラルデザイン）
山田知子（Chichols）

Publication　株式会社ディスカヴァー・トゥエンティワン
〒102-0093 東京都千代田区平河町2-16-1
平河町森タワー11F
TEL 03-3237-8321（代表）
FAX 03-3237-8323
http://www.d21.co.jp

Publisher　干場弓子
Editor　藤田浩芳 + 塔下太朗

Proofreader　文字工房燦光
DTP　アーティザンカンパニー株式会社
Printing　日経印刷株式会社

・定価はカバーに表示してあります。本書の無断転載・複写は、著作権法上での例外を除き禁じられています。インターネット、モバイル等の電子メディアにおける無断転載ならびに第三者によるスキャンやデジタル化もこれに準じます。
・乱丁・落丁本はお取り替えいたしますので、小社「不良品交換係」まで着払いにてお送りください。

ISBN978-4-7993-2269-7

©Discover 21, inc., 2018, Printed in Japan.